oekom
verlag

Herausgegeben von oekom e.V. – Verein für ökologische Kommunikation

Dieses Buch wurde klimaneutral hergestellt.
CO_2-Emissionen vermeiden, reduzieren, kompensieren –
nach diesem Grundsatz handelt der oekom verlag.
Unvermeidbare Emissionen kompensiert der Verlag
durch Investitionen in ein Gold-Standard-Projekt.
Mehr Informationen finden Sie unter: www.oekom.de

ClimatePartner°
klimaneutral
Verlag | ID: 128-50040-1010-1082

Bibliografische Information der Deutschen Nationalbibliothek:
Die Deutsche Nationalbibliothek verzeichnet diese Publikation in der Deutschen
Nationalbibliografie; detaillierte bibliografische Daten sind im Internet
über http://dnb.d-nb.de abrufbar.

---

oekom verlag, Gesellschaft für ökologische Kommunikation mbH
Waltherstraße 29, 80337 München

Umschlaggestaltung, Layout und Satz: Lone Nielsen
Lektorat: Helena Obermayr, Anke Oxenfarth

Druck: Kessler Druck + Medien, Bobingen
Gedruckt auf Circle matt White 100% Recycling von Arjo Wiggins/Igepagroup,
zertifiziert mit dem Blauen Engel

ISBN: 978-3-86581-719-8

oekom e.V. – Verein für ökologische Kommunikation (Hrsg.)

Afrika

Kaleidoskop der Möglichkeiten

Mitherausgegeben vom
Bischöflichen Hilfswerk Misereor e.V.

politische ökologie | **Die Reihe für Querdenker und Vordenkerinnen**

Die Welt steht vor enormen ökologischen und sozialen Herausforderungen. Um sie zu bewältigen, braucht es den Mut, ausgetretene Denkpfade zu verlassen, unliebsame Wahrheiten auszusprechen und unorthodoxe Lösungen zu skizzieren. Genau das tut die *politische ökologie* mit einer Mischung aus Leidenschaft, Sachverstand und Hartnäckigkeit.

Die *politische ökologie* schwimmt gegen den geistigen Strom und spürt Themen auf, die oft erst morgen die gesellschaftliche Debatte beherrschen. Die vielfältigen Zugänge eröffnen immer wieder neue Räume für das Nachdenken über eine Gesellschaft, die Zukunft hat.

Herausgegeben wird die *politische ökologie* vom
oekom e.V. – Verein für ökologische Kommunikation.

Was kommt Ihnen zuerst in den Sinn, wenn Sie an Afrika denken? Ausgemergelte Gestalten, Kindersoldaten, korrupte Politiker oder weite Savannen mit Affenbrotbäumen und Giraffen, tanzende schwarze Menschen in bunten Gewändern und unvergleichliche Sonnenuntergänge? Stereotypen dieser Art haben sich tief ins kollektive Gedächtnis Europas eingebrannt und dominieren noch immer die mediale Darstellung Afrikas. Seit einigen Jahren erklingen aber auch neue Töne: Berichte über demokratische Aufbrüche, gelingende Alphabetisierung und aufstrebende Volkswirtschaften mit wachsenden Mittelschichten mehren sich. Enthusiastisch wird Afrika ein regelrechter Boom mit lukrativen Märkten für ausländische Investoren vorausgesagt. Ein neuer Wettlauf um die Aufteilung des fruchtbaren Ackerlandes und die Bodenschätze des Kontinents hat begonnen.

Obwohl die Statistiken der Weltbank diese Euphorie zu rechtfertigen scheinen, verbergen sich hinter den Zahlen sehr unterschiedliche Realitäten. Denn Afrika ist kein homogener Kontinent, Licht und Schatten fallen häufig auf den gleichen Fleck. Ein Beispiel dafür: Während die Welt rätselt, ob Boko Haram und der islamisch-christliche Dauerkonflikt Nigeria zerreißen werden, ist das Land 2014 zur größten Wirtschaftsmacht Afrikas gewachsen. Andernorts fehlt den Menschen jedoch weiterhin das Notwendigste zum Leben. Sie fliehen vor der Gewalt marodierender Söldner, der Perspektivlosigkeit oder den Auswirkungen des Klimawandels. Die ausufernde Korruption und Selbstbereicherung der Mächtigen setzen der Bevölkerung ebenso zu wie unfaire Handelsbeziehungen, die koloniale Abhängigkeiten fortsetzen.

Ob es dem Kontinent gelingt, den Einfluss multinationaler Konzerne zurückzudrängen, seinen immensen Rohstoffreichtum gerecht zu verteilen sowie die gewaltsamen Konflikte und den Verlust der Artenvielfalt zu beenden, muss sich erst noch zeigen. Die Autorinnen und Autoren der *politischen ökologie* begleiten Afrika ein Stück bei der Suche nach Demokratie, Wohlstand und Frieden. Dabei zeichnen sie ein vielschichtiges Bild eines Kontinents in Bewegung. – Eine abwechslungsreiche (Lese-)Reise liegt vor Ihnen.

Anke Oxenfarth
oxenfarth@oekom.de

Inhaltsverzeichnis

Knackpunkte

Lichtblicke

Impulse

Spektrum Nachhaltigkeit

Teil 6 zum Transatlantischen Freihandelsabkommen (TTIP)

Rubriken

Für sein inhaltliches und finanzielles Engagement sowie die gute Zusammenarbeit danken wir dem Bischöflichen Hilfswerk Misereor e.V.

Steckbrief Afrika

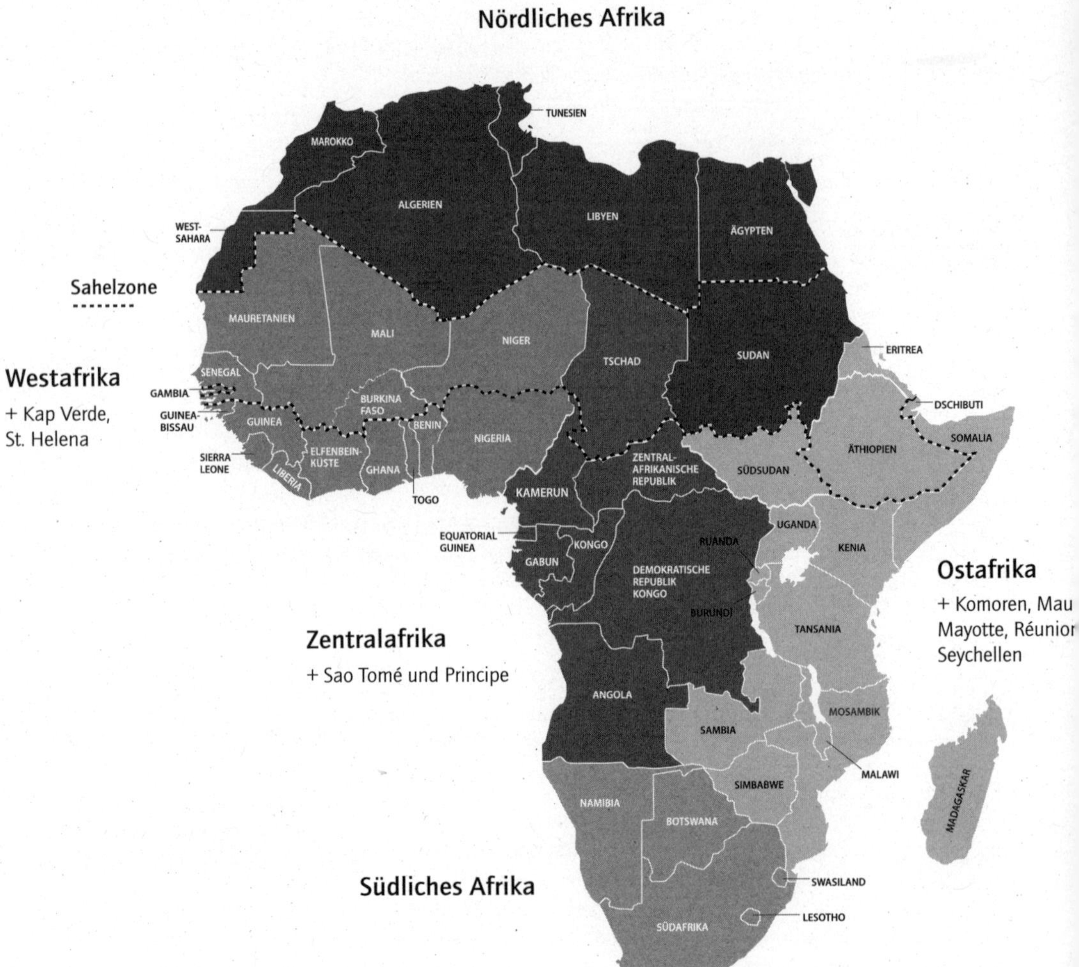

- Über 2.000 Sprachen werden auf dem afrikanischen Kontinent gesprochen, allein in Nigeria sind es 286.
- Man unterscheidet vier Sprachfamilien: die Niger-Kongo-, die Khoisan-Sprachen, die nilosaharanischen und die afroasiatischen Sprachen.
- Die ehemaligen Kolonialsprachen Französisch und Englisch werden vor allem im Norden und Westen bzw. im Osten und Süden gesprochen, allerdings fungieren sie in manchen Ländern mittlerweile nicht mehr als Amts-, sondern nur noch als Verkehrssprache (z.B. in Tunesien: Amtssprache Arabisch, Verkehrssprache Französisch)

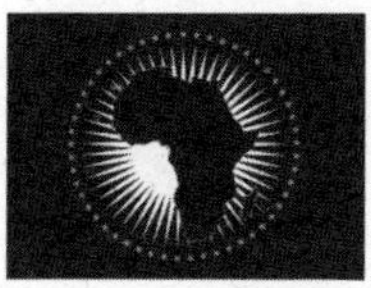

- In Gabun leben 86 Prozent der Bevölkerung in Städten. Den niedrigsten Urbanisierungsgrad Afrikas weist Burundi auf: Hier wohnen neun von zehn Menschen auf dem Land.
- Die Analphabetenrate bei Erwachsenen schwankt innerhalb Afrikas immens: In Äquatorial-Guinea liegt sie bei 5,8 Prozent, während sie in Benin und Burkina Faso 71,3 Prozent beträgt. Generell ist der Anteil der Männer, die lesen und schreiben können, höher als der bei den Frauen.
- Im Jahr 2002 wurde die Afrikanische Union mit dem Ziel gegründet, Einheit, Wohlstand und Frieden in Afrika herzustellen. Sitz der Organisation ist Addis Abeba. Mitgliedstaaten der Union sind alle international anerkannten Staaten Afrikas außer Marokko, aber einschließlich Westsahara. Die Union besteht aus zahlreichen Organen, seit Januar 2015 sitzt der simbabwische Präsident Robert Mugabe der Union vor.

- Die CO_2-Emissionen Afrikas betrugen 2012 insgesamt 331 Millionen Tonnen; am höchsten war der Pro-Kopf-Ausstoß in Südafrika mit 2,6 Tonnen und Algerien mit knapp einer Tonne. Auf eine(n) Bewohner(in) des Tschad fielen nur 9,1 Kilogramm.
- 60 Prozent des weltweit abgebauten Kobalts stammen aus Afrika, Hauptproduzent ist die DR Kongo. Gold wird in zwei Drittel aller afrikanischen Länder gewonnen, die größten Mengen in Südafrika. Phosphate kommen vor allem aus Marokko und Westsahara, Uran aus Niger, Namibia, Malawi und Südafrika.

_ Quellen: African Statistical Yearbook 2014, www.auswaertiges-amt.de (Länderinformation), www.weltbevoelkerung.de (Länderdatenbank), Index Mundi, www.afrika.info, U.S. Geological Survey Minerals Yearbook 2012, www.wikipedia.de

Wie man über Afrika schreiben soll

„Behandle Afrika in deinem Text, als wäre es ein einziges Land. Es ist heiß und staubig mit sanft ansteigenden Grasländern und riesigen Tierherden und großen, dünnen, hungernden Menschen. Oder es ist heiß und dunstig mit sehr kleinen Menschen, die Primaten essen. Halte dich nicht mit genauen Beschreibungen auf. Afrika ist groß: 54 Länder, 900 Millionen Menschen, die zu sehr mit Hungern, Sterben, Kriegführen und Emigrieren beschäftigt sind, um dein Buch zu lesen. Der Kontinent ist voll von Wüsten, Dschungel, Hochland, Savannen und vielen anderen Dingen, aber deinem Leser ist das alles egal, also bleibe in deinen Beschreibungen romantisch, atmosphärisch und ungenau."

Aus: Wainaina, Binyavanga: How to Write about Africa.
In: Granta – The Magazin of New Writing. 92/2005
(Übersetzung: dw)

„Von westlichen und anderen ausländischen Schriftstellern ist viel über Afrika geschrieben worden. Obwohl sich viele dieser Bücher durch große Gelehrsamkeit auszeichnen, tendieren sie dazu, herablassend zu sein und Lösungen vorzuschlagen, die kulturell unangemessen oder untauglich sind. Die meisten westlichen Schriftsteller, die über Afrika schreiben, sind gelähmt von politischer Korrektheit und einem grundlegenden Mangel an Verständnis für die afrikanische Kultur. Sie zögern, die dumme Politik mancher schwarzer afrikanischer Präsidenten zu kritisieren, aus Angst, als rassistisch abgestempelt zu werden. Es ist immer wichtig, zwischen afrikanischen Machthabern und dem afrikanischen Volk zu unterscheiden. Die gescheiterte Politik von schwarzen afrikanischen Präsidenten zu kritisieren, heißt nicht, dass man ein Rassist ist. Westliche Lösungen haben in Afrika nicht gut funktioniert."

George Ayittey, ghanaischer Ökonom und
Autor im Interview mit seinem Verlag auf
http://fivebooks.com. (Übersetzung: dw)

„Vielen Ländern wäre allein mit fairem und freiem Welthandel mehr geholfen als mit jeder Entwicklungshilfe. Das ist eine Forderung, die sowohl Experten als auch afrikanische Staatschefs wie der ruandische Präsident Paul Kagame seit Langem stellen. Doch Protektionismus der Industriestaaten in Form von Zöllen, Subventionen und Importquoten verhindern das – und zwar besonders für Agrarprodukte. Landwirtschaft ist aber typischerweise in Entwicklungsländern die wichtigste Branche. [...] Konsequente Entwicklungshilfe würde bedeuten, dass die entwickelten Länder in ihrem Wirtschaftswachstum zugunsten der Entwicklungsländer zurückstecken müssten – und das geht ihnen bei aller Menschenliebe nun doch zu weit. Ebenso wichtig wäre, dass die politisch Verantwortlichen in Entwicklungsländern Hilfe nutzen, um langfristig leistungsfähige Strukturen aufzubauen, statt vor allem auf kurzfristige, individuelle Vorteile zu schielen."

Aus: Abeselom, Kiros: Geber und Nehmer. Systemische Fehler. In: Entwicklung+Zusammenarbeit 4/2015, S. 38

„In zehn Jahren reden wir über Afrika wie heute über China."

Peder Tuborgh, CEO Arla Foods, über die Perspektiven der Lebensmittelindustrie auf dem Kontinent

„Seit über fünf Jahren stammen sieben der zehn weltweit am schnellsten wachsenden Volkswirtschaften aus Subsahara-Afrika: Äthiopien, Mosambik, Tansania, DR Kongo, Ghana, Sambia und Nigeria. Über diesen Aufschwung sprechen ja gerade ohnehin alle. Kein Artikel über Afrika, der nicht den ‚Afrikaboom' prognostiziert. Kein Bericht, der Afrika keine rosige Zukunft attestiert. Keine Seminarveranstaltung, in der es nicht um Investitionsmöglichkeiten in Afrika geht – als schössen gerade überall Wolkenkratzer wie Pilze aus dem Boden. Afrika, der Fixstern in der Galaxie der Verlierer? Das war einmal! Wie bei allen Krisen, Kriegen, Katastrophen sind es gleich die himmelhoch jauchzenden Aussichten in allen 54 Ländern zur selben Zeit."

Aus: Kleis, Jörg (2014): Gestatten – Afrika. Warum ein zweiter Blick auf unsere Nachbarn lohnt. Berlin, S. 166 f.

ERKUNDUNGEN

Die Liste der Probleme Afrikas ist lang: Land Grabbing, Klimawandel, Bildungsnot, gewaltsame Konflikte, politische Unsicherheit, wirtschaftliche Abhängigkeit, gefährdete Ökosysteme ... Andererseits sprießen zarte Pflänzchen der Veränderung und das Streben nach Frieden, Demokratie und bescheidenem Wohlstand ist deutlich zu spüren. – Wie lässt sich der Hunger besiegen? Warum ist die Erhaltung der Biodiversität besonders wichtig für die Landbevölkerung? Wie gelingt die flächendeckende Alphabetisierung?

Zur politischen Ökologie Afrikas

Hic sunt leones

Von Volker Riehl

Armut, korrupte Potentaten, gefälschte Wahlen, islamistischer Terror – angesichts der vielen Unruheherde auf dem afrikanischen Kontinent gerät schnell aus dem Blick, dass die große Mehrheit der Bevölkerung friedlich miteinander lebt. Eine erstarkende Zivilgesellschaft fordert in immer mehr Staaten politische Stabilität und das Ende der Bereicherung durch die Eliten.

„Hic sunt leones" – mit diesem Terminus bezeichneten die antiken römischen Kartografen unbekannte, aber offenbar löwenreiche Regionen, meist jenseits ihrer militärischen Einflusssphäre südlich der Sahara in Afrika. Die Römer sind nicht viel weiter als einige Hundert Kilometer in die Sahara und damit ins Innere Afrikas vorgedrungen. Besucht man heute die afrikanische Provinz unweit urbaner Metropolen, dann entspricht das Bild der ländlichen Infrastrukturentwicklung dem, das die Römer vor 2.000 Jahren vorgefunden haben.

Heute, ein halbes Jahrhundert nachdem der Löwenanteil der afrikanischen Staaten unabhängig geworden ist, öffnet sich ein gutes Zeitfenster zur soziopolitischen Bestandsaufnahme: Warum kann man auf dem wasserreichsten Kontinent der Welt nur in einigen Orten im Südlichen Afrika bedenkenlos aus dem Wasserhahn seinen Durst löschen? Warum kann der Kontinent mit den größten Flächen fruchtbaren

Bodens seine Menschen nicht ausreichend ernähren? Warum befinden sich die im Schnitt ärmsten Menschen auf dem ressourcenreichsten Kontinent der Welt? Der Sinn und Zweck europäischer Kolonisation war die Ausbeutung notwendiger Ressourcen zur eigenen Bereicherung und Entwicklung. Die vollständige Unterwerfung der Bevölkerung war dafür notwendig. Sklaven und Elfenbein wurden abgelöst von Diamanten und Gold. Heute sind es Seltene Erden, Koltan und andere wertvolle Mineralien und Metalle, die als Rohstoffe in die Industrieländer exportiert werden – ohne dass die Bevölkerung wirksam von der Ausbeute profitiert (vgl. S. 77 ff.). Der Abbau der Ressourcen verläuft völlig willkürlich, illegal und unkontrolliert. Riesige Gebiete sind von Minenkratern mondgleich durchsetzt. In West- und Zentralafrika werden Gebiete entwaldet und der direkten Erosion preisgegeben. Selbst wenn die Minengräber verschwinden, ist das Land nicht mehr zum Ackerbau geeignet. Doch nicht nur die Menschen leiden direkt an der illegalen Ausbeute: Die Nationalparkgrenzen werden nicht respektiert und sensible Schutzgebiete sind vehement durch das Eindringen von Minenarbeitern bedroht. Ein bedrückendes Beispiel ist die Situation des Virunga-Gorilla-Nationalparks in der DR Kongo.

Demokratisches Leben und bürgerschaftliche Bewegungen

Wer behauptet, dass es ausschließlich und einseitig das Vergehen der großen Konzerne ist, durch das die afrikanischen Staaten verarmen, der verkennt die Korruptionsbereitschaft afrikanischer Potentaten und damit Ursache und Wirkung: Nach seinem Tod in den 1990er-Jahren entsprach der Reichtum des Klans des geschassten Präsidenten Mobuto des früheren Zaire (jetzt Demokratische Republik Kongo) präzise der Summe der internationalen Schulden des Staates Zaire. Nur zehn Prozent der gewaltigen Diamantenfunde aus Simbabwe erreichen den Staatshaushalt. Legendär ist die groteske Bereicherung der Klane der führenden Politiker von Tschad, Angola, Äquatorialguinea und Nigeria durch die Veruntreuung der Erträge aus der Ölförderung.

Doch es geht auch anders: Kommt man an Diamantenminen in Botswana vorbei, dann fällt auf, wie schwach die polizeilichen Sicherungsmaßnahmen sind. Botswana ist ein Beispiel für gute demokratische Regierungsführung in Afrika. Die Bevölkerung profitiert durch weitgehend freie grundmedizinische Versorgung und kostenlosen

Grundschulbesuch. Dass der Ressourcenabbau den sozialen Diensten für die Bevölkerung zugutekommt, ist auch in Namibia, Südafrika und zum Teil in Sambia zu sehen.
Es ist deutlich erkennbar: Je höher der Grad an guter Regierungsführung und gelebter Demokratie - mit freien und fairen Wahlen, Pressefreiheit, Einhaltung der Menschenrechte - in einem Land verankert ist, desto häufiger zeigt sich, dass die Regierenden einen Staat nicht als Privateigentum zur eigenen Bereicherung begreifen. Gerade die rigidesten Diktatoren behaupten, westliche Demokratieformen seien in ihren Staaten „kulturell unüblich", und gerade diese Gewaltherrscher verhindern staatliche Gewaltenteilung und kontrollierende Institutionen, um sich ungehindert bereichern zu können. Auch das mit ermüdender Penetranz von afrikanischen Potentaten vorgebrachte Argument der Kolonialschuld wird mit jedem Jahrzehnt seit der Unabhängigkeit ihrer Länder durchsichtiger. Es steht zu hoffen, dass sich die Zivilgesellschaft von mehr und mehr Staaten mit ihren Forderungen nach Demokratie und kontrollierter Herrschaft immer stärker durchsetzen kann.
Bürgerschaftliche Bewegungen in Burkina Faso, der Demokratischen Republik Kongo und in Ansätzen auch in der Republik Kongo, die gegen die Anpassung ihrer Verfassungen hin zu einer Aufhebung von Amtszeitbegrenzungen und damit zu einer „Verewiglichung" ihrer Diktatoren erfolgreich auf die Straße gegangen sind, stimmen hoffnungsvoll. Afrikanische Potentaten müssen begreifen oder erleben, dass sich eine Instrumentalisierung des staatlichen Machtmonopols für die Befriedigung eigener Profitinteressen nicht auszahlt. Die 2015 anstehende EU-Gesetzgebung über verpflichtende Standards im Handel mit mineralischen Ressourcen ist ein vielversprechender Weg, um die politische Korruption in ressourcenreichen Ländern einzudämmen (vgl. S. 105 ff.).

Eine unheilige Allianz

Investitionen in Land und Ressourcen jenseits der eigenen Kontinentalgrenzen in Afrika sind profitabel, trotz riesiger Distanzen, der Umsiedlung von Zehntausenden von Menschen und hoher Bestechungssummen. Bei vielen chinesischen Investitionen handelt es sich um gezielte Kooperationen mit korrupten Regimen, deren Ausbeutungssysteme auf Kosten der Bevölkerung durch diese Wirtschaftsverträge weiter verlängert werden. Das Ausmaß und die negativen Auswirkungen auf die Bevölkerung und die Umwelt durch die Landnahme der chinesischen Investoren in Sambia, Simbabwe und Mosambik und die Ressourcenausbeutungen in der Demokratischen Republik Kongo sind heute beispielsweise dramatischer als noch zur Kolonialzeit (vgl. S. 71 ff.). Auf dem Rücken der ärmsten Bevölkerung bilden afrikanische Potentaten und chinesische Investoren eine unheilige Allianz.

In den entwicklungspolitischen Zirkeln jenseits von Afrika ist derzeit viel vom „Zukunftskontinent Afrika" die Rede. Der „Boomkontinent" verspricht stabile Wachstumsparameter. Und so ist es auch: Die große Mehrheit der afrikanischen Bevölkerung lebt friedlich miteinander. Kontinentweit gibt es eine sich allmählich manifestierende selbstbewusste Mittelschicht.

Nigeria zeigt in Ansätzen, wie sich langsam die Waagschale in Richtung Entwicklung neu justiert. Zwar ist der Grad von Misswirtschaft und Korruption immer noch sehr hoch, aber der Transparency-International-Korruptionsindex weist für das Land in den vergangenen Jahren eine leichte Verbesserung auf. Der Staatshaushalt des westafrikanischen Landes besteht zu fast 80 Prozent aus Öleinnahmen. Trotzdem fußt Nigerias Industrialisierung nicht mehr allein auf dem Petrolsektor, sondern diversifiziert sich und wird dadurch nachhaltig und unabhängiger von Entscheidungen der Ölkonzerne. 2014 war Nigeria das Land mit dem stärksten Wirtschaftswachstum. Doch trotz der wachsenden Mittelschicht bleibt auch hier ein Großteil der Bevölkerung von der Entwicklung ausgeschlossen und lebt weiter ohne Bildungs- und Aufstiegschancen in bitterer Armut.

Hoffnungsschimmer

Für politische Stabilität setzt Ghana seit Mitte der 1980er-Jahre die Messlatte. Auch die Elfenbeinküste zeigt, dass nach Beendigung des Bürgerkriegs vor fast zehn Jahren ein Land wieder an wirtschaftliche und politische Normalität sowie Fortschritt anknüpfen kann. Seit ungefähr zehn Jahren gibt es eine politische Entwicklung, die verfassungsrechtlich begrenzten Amtszeitperioden von afrikanischen Staatschefs wieder zu de-limitieren. Dies ist ohne Frage der erste Schritt zur Dynastiebildung und zur politischen Verewiglichung von Eliten. Volksaufstände, um diese undemokratische Vorgehensweise zu verhindern, waren vor wenigen Jahren im Senegal und

2014 in Burkina Faso erfolgreich. Derzeitig versuchen die Staatschefs in beiden Kongos, in Ruanda, Burundi und Benin die Aufhebung der Begrenzung auf zwei Amtszeiten und eine veränderte Wahlgesetzgebung zu ihren Gunsten durchzudrücken. Eine selbstbewusste, neue Mittelschicht könnte dies verhindern.
Nicht nur afrikanische Rebellenführer, etwa aus dem Osten der Demokratischen Republik Kongo und Uganda, sind verhaftet worden und werden vor den Internationalen Gerichtshof in Den Haag gestellt. Auch ehemalige Staatschefs wie der langjährige Präsident von Tschad, Hissène Habré, wurden im Exil verhaftet.

„Wer je in Afrika Wahlen beobachtet hat, weiß, dass die Menschen mit großem Ernst, fast schon Hingabe, ihr Wahlrecht wahrnehmen.“

Auf der Negativseite der politischen Entwicklung in Afrika steht der islamistische Terror in den Sahelstaaten in Westafrika in Nigeria, Kamerun, Mali sowie im Osten in Somalia und Kenia. Als wenn diese Gewaltorgien nicht schon genug wären, gibt es auch den Terror vermeintlich christlicher Hardliner gegen Muslime in der Zentralafrikanischen Republik. Somalia, Libyen und die Zentralafrikanische Republik sind zudem als „Failed States" einzustufen. Die Zahl der internen Unruheherde ist so hoch, dass man sie nicht vollständig aufzählen kann: Mosambik hat ein Sicherheitsproblem durch frühere Rebellen, nach Ostkongo und Südsudan zieht sich der Korridor der Unsicherheit weiter zur Zentralafrikanischen Republik und über Nordkamerun und Nordnigeria bis tief in die Sahelgebiete Westafrikas. Im Südlichen Afrika hingegen, angefangen im Norden mit Sambia über Botswana und Namibia bis Südafrika, entsprechen die Wahlergebnisse dem Volkswillen und sind nicht massiv gefälscht. Allein Simbabwe bleibt weiter ein Beispiel für einen gescheiterten Prozess der Entkolonialisierung, der direkt in Diktatur, Korruption und Verarmung der Bevölkerung führte.

Vor mehr als 330 Jahren versuchte der Große Kurfürst aus Potsdam (erfolglos) eine Kolonie mit Namen Groß-Friedrichsburg in Westafrika im heutigen Ghana zu gründen. In der präkolonialen Ära Afrikas war der Westfälische Friede noch nicht einmal 50 Jahre alt. Die Unterzeichnung des Friedensabkommens 1648 nach dem Dreißigjährigen Krieg in Europa wird im politischen Diskurs über das Scheitern des Staates in Afrika des Öfteren als allegorische Überzeichnung für die Geburt der staatlichen Verfasstheit Europas gesehen und als Erklärung für die rechtstaatliche Schieflage Afrikas: Wenn Europa Hunderte von Jahren brauchte, um demokratische Rechtsstaatlichkeit, Gewaltenteilung und Demokratie durchzusetzen, erwarten wir dann mit einem schnellen Demokratisierungsprozess nicht etwas Unmögliches von unserem südlichen Nachbarkontinent? Im gleichen Atemzug wird die strukturelle Inkompatibilität westlicher Demokratiesysteme genannt und gefordert, Afrika müsse seinen eigenen Weg finden nach dem Motto: Es kann ja (noch) nicht funktionieren. Vor allem aus den Reihen afrikanischer Diktatoren an der Macht hört man wiederholt das Argument, dass nach dem Afrika aufgezwungenen Kolonialismus jetzt die partizipative und repräsentative Demokratie vom Westen aufgezwungen sei. Wer je in Afrika Wahlen beobachtet hat, der weiß, dass die Menschen mit großem Ernst, ja fast schon Hingabe, ihr Wahlrecht wahrnehmen. Mit welcher Geduld sie stundenlanges Anstehen erdulden, nur um später zu erfahren, dass die Wahlen manipuliert wurden. Jeder Abstimmungsbetrug ist ein Schlag ins Gesicht ernsthafter afrikanischer Wähler(innen).

Konsenslöwen statt Papiertiger

In der Melodie der Entschuldigungsargumente für schwache staatliche Institutionen und strukturelle Instabilität darf die Nachwirkung des Kolonialismus auf die schleppende Entwicklung von Wirtschaft und Politik nicht fehlen. Dabei ist eines der Grundprobleme der aktuellen afrikanischen Krise in der Regierungsführung ein intern politisches: Staatschefs in Afrika sehen in aller Regel das Land mit den Menschen und Ressourcen als Beute und Privateigentum. Je stärker mit den Jahren die Oligarchien materiell und politisch werden, desto institutionell schwächer wird der Staat, und schließlich ist er nicht mehr in der Lage, die Grundbedürfnisse an Sicherheit, Gesundheit, Bildung, Verteilungsgerechtigkeit und unabhängiger Justiz zu be-

friedigen. Der Kuchen ist zu klein für den hohen Grad an materieller Korruption und grotesker Selbstbereicherung der Eliten. Die Folge sind Unzufriedenheit, staatslose Räume und Rebellenaktivitäten. Politisch brauchen die afrikanischen Staaten keine neuen Papiertiger, sondern neue Staatsführer vom Schlage eines Nelson Mandela, die es verstehen, die verschiedenen Ethnien und gesellschaftlichen Gruppen von einem Ausgleich zu überzeugen, und nicht den Dissens zu predigen.
In Afrika gibt es heute noch schätzungsweise 35.000 Löwen. In Nordafrika ist der Löwe praktisch ausgestorben. Hic erant leones. Kaum ein Prozent der Population lebt in den Staaten Westafrikas, doch fast zehn Prozent des Kontinentalbestands befinden sich allein in Südafrika. Fürwahr ist es Südafrika, das die einstige Beschreibung Afrikas heute verdient. Fast lässt sich vermuten, dass die Löwenpopulation ein Indikator für das Funktionieren von Staaten ist ...

Welches Afrika-Vorurteil besteht den Praxistest nicht?

In Afrika ist nicht der Löwe für den Menschen das gefährlichste Tier, sondern das vermeintlich so friedliche und behäbige Nil- oder Flusspferd. Afrika ist immer für eine Überraschung gut.

Zum Autor

Volker Riehl, geb. 1956, ist Referent für Afrika und Ernährung bei Misereor. Er hat Deutsch, Sozialkunde sowie Development Management studiert. Als Wissenschaftler und Entwicklungshelfer arbeitete er in Burundi, Ghana, Uganda und Simbabwe und war Lehrbeauftragter an der Makerere Universität in Kampala und der Legon University in Accra.

Kontakt

Dr. Volker Riehl
Bischöfliches Hilfswerk Misereor e.V.
Misereor Büro Berlin
Chausseestraße 128/129, D-10115 Berlin
E-Mail volker.riehl@misereor.de

Ursachen für Flucht und Migration

Wanderjahre eines Kontinents

Von Usha Ziegelmayer

Dass Menschen ihre Heimat verlassen, hat vielfältige Gründe und weit mehr Ausprägungen, als es das medial vorherrschende Bild von überfüllten Flüchtlingsbooten im Mittelmeer suggeriert. Das Phänomen der afrikanischen Migration ist komplex. Wissenschaftliche und aktivistische Perspektiven erweitern hier den Blick – auch für die Mitverantwortung Europas.

In der Diskussion um Migration und Flucht aus Afrika verschwimmen immer wieder die Begriffe Migrant und Flüchtling. Als Flüchtlinge werden im Sinne der Genfer Flüchtlingskonvention Menschen bezeichnet, die sich außerhalb des Landes befinden, dessen Staatsangehörigkeit sie besitzen oder in dem sie ihren ständigen Wohnsitz haben, und die wegen ihrer Rasse, Religion, Nationalität, Zugehörigkeit zu einer bestimmten sozialen Gruppe oder wegen ihrer politischen Überzeugung eine wohlbegründete Furcht vor Verfolgung haben und den Schutz ihres Landes nicht in Anspruch nehmen können. Migrant(inn)en hingegen sind Menschen, die ihren Herkunftsort aus unterschiedlichen Gründen mehr oder weniger freiwillig verlassen mit der Absicht, sich anderswo innerhalb ihres Landes (Binnenmigration) oder im Ausland (internationale Migration) einen Lebensmittelpunkt aufzubauen. Diese Migration kann temporär, zirkulär oder dauerhaft sein. Laut Flüchtlingshilfswerk der Vereinten Nationen (UNHCR) ist Somalia mit 1,1 Millionen Menschen das Land mit

den meisten Flüchtlingen in Afrika, gefolgt vom Sudan mit 670.300 Flüchtlingen, Süd-Sudan mit 508.600, DR Kongo mit 493.500 und der Zentralafrikanischen Republik mit 381.000 Flüchtlingen. (1) Die meisten Flüchtlinge in Afrika werden laut UNHCR von Äthiopien, Kenia, Tschad und Uganda aufgenommen. Die große Leistung dieser Länder zeigt sich im Verhältnis der aufgenommenen Flüchtlinge zur Gesamtbevölkerung. Tschad steht mit 39 Flüchtlingen pro 1.000 Einwohner(innen) an dritter Stelle weltweit, gefolgt von Djibouti (25) und Süd-Sudan (24).
Diese Zahlen erfassen jedoch weder Menschen, die nicht offiziell den Flüchtlingsstatus im Sinne der Genfer Konvention zugesprochen bekommen haben, noch Binnenvertriebene, die in ihrem eigenen Land auf der Flucht sind (Internally Displaced Persons, IDP). Das Internal Displacement Monitoring Centre spricht für 2014 von 38 Millionen Binnenvertriebenen weltweit, die am stärksten betroffenen afrikanischen Länder sind hier Sudan mit 3,1 Millionen, DR Kongo (2,8 Millionen), Süd-Sudan (1,5 Millionen) und Somalia (1,1 Millionen). Diese Zahlen bezeugen für Afrika einerseits zahlreiche anhaltende Konflikte und andere Ereignisse, die Menschen zur Flucht bewegen, andererseits aber auch eine enorme regionale Aufnahmebereitschaft.

Vor- und Nachteile von Migration

Entgegen den medial vorherrschenden Bildern von Flüchtlingskatastrophen im Mittelmeer ist festzuhalten, dass der Großteil der afrikanischen Migrant(inn)en und Geflüchteten innerhalb ihres Landes beziehungsweise in den Nachbarländern unterwegs ist und dort auch unterkommt. Die medial häufig verwendete Terminologie einer „Flut" oder „Strömen" von Geflüchteten auf dem Weg nach Europa impliziert zudem eine nahezu physikalische Mechanik, die der Komplexität von Migration und Flucht nicht gerecht wird und Bedrohungsängste in Europa schürt.
Was aber bringt diese Millionen Menschen dazu, ihre Heimat zu verlassen? Die Migrations- beziehungsweise Fluchtursachen reichen von Krieg, Verfolgung aufgrund politischer, sexueller oder religiöser Orientierung, Folgen des Klimawandels wie Dürre oder Überflutung über Perspektivlosigkeit vor allem junger Menschen und die Suche nach besseren Lebensumständen anderswo bis hin zum Studium im Ausland oder zur Familienzusammenführung. Migration ist ein komplexes Phänomen mit Vor- und Nachteilen für Herkunfts-, Transit- und Zielländer sowie für die Migrant(inn)en selbst.

Positive Folgen von Migration für afrikanische Länder werden vor allem bei den Zahlen der Remittances, der Rücküberweisungen in ihre Heimatländer, deutlich. Diese betragen für 2014 laut Weltbank 33 Milliarden US-Dollar für Subsahara-Afrika und übersteigen damit in vielen Ländern die öffentlich gezahlten Entwicklungshilfegelder. Zahlreiche Studien zeigen, dass Rücküberweisungen ein zweischneidiges Schwert sind. Einerseits tragen sie zur Verbesserung des Lebensstandards bei, zu denken ist hier an Schulgebühren, Gesundheitsversorgung oder Ausgaben des täglichen Bedarfs. Andererseits entstehen so auch Abhängigkeiten von den migrierten Familienmitgliedern; in vielen Fällen lastet ein enormer Druck auf den Migrant(inn)en, von denen trotz oft prekärer Lebenssituationen in Europa erwartet wird, die Familie zu Hause mit zu versorgen. Ein positiver Aspekt von Migration ist der Wissenstransfer, wenn Migrant(inn)en zurückkehren respektive sich in ihren Herkunftsländern engagieren. Das im Ausland durch Studium oder Arbeit erworbene Wissen kann im Herkunftsland wichtige Impulse für neue Geschäftsideen, soziale Projekte, neue Technologien und Ähnliches setzen. Andererseits kann diese Ausbildung im Ausland auch zum sogenannten Braindrain führen; so herrscht etwa in Ghana seit den 1990er-Jahren ein Mangel an Fachkräften im Gesundheitswesen.

Fluchtgrund Klimawandel?

Dass Migration keinesfalls eine unikausale lineare Bewegung von Herkunftsland A nach Zielland B aus einem bestimmten Grund ist, sondern ein komplexer Prozess mit unterschiedlichen Zielen, Gründen sowie Beteiligten, zeigt das Beispiel der Diskussion um Migration und Klimawandel. Der Biologe Norman Myers stieß die Debatte in den 1990er-Jahren mit Schreckensszenarien von 150 bis 200 Millionen klimawandelbedingten Migrant(inn)en weltweit bis 2050 an. Ähnliche Zahlen mit über einer Milliarde „Environmental driven migrants" kamen von Christian Aid (2007). (2) Diese Zahlen sollten Aufmerksamkeit auf das vorher nicht öffentlich diskutierte Themenfeld von Migration und Klimawandel lenken und stehen für das politische Bestreben vor allem großer Flüchtlingshilfe- und Nichtregierungsorganisationen, die Folgen des Klimawandels als Fluchtgründe im Sinne der Genfer Flüchtlingskonvention anzuerkennen und somit die Betroffenen auch entsprechend zu schützen. Sie zeigen gleichzeitig die Komplexität der Debatte mit einer Vielzahl an nicht trennscharfen Definitionen. Eine wachsende Zahl an Studien hinterfragt die vermeintliche Unikausalität, dass Klimawandel quasi automatisch zu Migration führe. Sie betonen die Komplexität von Migration als Prozess, der von unterschiedlichen Faktoren beeinflusst wird. Cecilia Tacoli vom International Institute for Environment and Development (IIED) macht in einer Studie über Senegal, Tansania und Bolivien deutlich, dass – abgesehen von Inselstaaten unter Meeresspiegelniveau – Migration in erster Linie von Nicht-Umweltfaktoren bestimmt wird, zum Beispiel dem soziopolitischen Kontext und der Migrationsgeschichte der jeweiligen Orte.

Umweltveränderungen sind also nicht isoliert als Grund für Migrationsbewegungen zu sehen, können jedoch den bestehenden sozioökonomischen und politischen Kontext vor Ort verändern und somit indirekt für Migration mitverantwortlich sein. Die Gleichung Klimawandel = Migration im Sinne massenhafter Bewegungen (in Richtung globaler Norden) geht schwerlich auf. Internationale Migration, beispielsweise von der Küste Ghanas in die USA oder nach Europa, scheint vielmehr im Zusammenhang mit bereits bestehenden Kontakten und/oder einem angestrebten Studium oder Arbeit im Ausland zu stehen. (3)

Es ist eine bittere Ironie der Geschichte, dass insbesondere die Länder des globalen Südens von den Folgen des Klimawandels betroffen sind, der in erster Linie von Menschen im globalen Norden verursacht wird. Zudem verfügen viele Länder des globalen Südens nicht zuletzt infolge von Sklaverei, Kolonialismus und fortwährender neokolonialer Beziehungen bis heute nicht über funktionierende politische und administrative Systeme, sodass die Menschen dort zum Teil keine Perspektive mehr sehen und sich fürs Auswandern entscheiden.

Frankreichs Einfluss in den Ex-Kolonien

Die Gründe für Flucht und Migration liegen keineswegs ausschließlich in Afrika, sondern ebenso in der europäischen Agrar-, Entwicklungs-, Wirtschafts-, Sicherheits- und Außenpolitik. Deutschland zählt zu den größten Waffenexporteuren der Welt und ist damit indirekt auch für den Fortbestand kriegerischer Konflikte in Afrika mitverantwortlich. Zahlreiche Rohstoffe in Afrika werden seit der Kolonialzeit bis heute zum Profit des Westens und lokaler Eliten auf Kosten der Bevölkerung ausgebeutet (vgl. S. 31 ff.). Konflikte sowie mangelnde Perspektiven in einer auf Export ausge-

> „Die Gleichung Klimawandel = Migration im Sinne massenhafter Bewegungen in Richtung globaler Norden geht schwerlich auf.“

richteten (Land-)Wirtschaft und unzureichende Beteiligung der Bevölkerung vor Ort an Gewinnen aus Rohstoffförderung können mit ein Grund sein, warum Menschen sich zur Migration entschließen, wenn sie zum Beispiel ihren Lebensunterhalt nicht mehr durch Subsistenzwirtschaft bestreiten können, weil das Ackerland für den Anbau von Cashcrops verwendet wird (vgl. S. 44 ff.).
Ein besonders deutliches Beispiel dieser fortbestehenden neokolonialen Beziehungen ist das Verhältnis Frankreichs zu seinen ehemaligen Kolonien. Noch immer sind 14 westafrikanische Staaten an die Kolonialwährung FCFA gebunden und gezwungen, die Hälfte ihrer Währungsreserven in Frankreich aufzubewahren. Afrikanische Stimmen aus Wissenschaft und Zivilgesellschaft kritisieren, dass das System der Franc-Zone die Entwicklungsmöglichkeiten dieser Länder beschneidet, da es unter anderem eine enorme Kapitalflucht erlaubt. Afrikanische Staatsoberhäupter, die sich dieser Politik widersetzen, leben zum Teil nicht lange. Von den 67 Staatsstreichen seit der Unabhängigkeit afrikanischer Staaten fanden 16 in ehemaligen französischen Kolonien statt. Diesen Staatsstreichen fielen beispielsweise Sylvanus Olympio (Togo, 1963) und Thomas Sankara (Burkina Faso, 1987) zum Opfer. Bis heute sind die genauen Umstände ungeklärt, kritische Stimmen vermuten dahinter jedoch die auch nach der Unabhängigkeit weiter bestehende Einflussnahme Frankreichs in seinen ehemaligen Kolonien.

Bewusstsein für Abhängigkeiten und Mitverantwortung

Widerständige Staatsoberhäupter werden gestürzt und dem europäischen Grenzregime unliebsame Migrant(inn)en sterben vor den Toren der „Festung Europa" – den Zusammenhang zwischen kolonialer Politik der Abhängigkeit und den Gründen für heutige Migrations- und Fluchtbewegungen aus Afrika stellen auch Refugee-Aktivist(inn)en in Deutschland her. Das Manifest der African Refugees Union (ARU), einer im Zuge der Oranienplatzproteste 2012 in Berlin gegründeten Organisation, bezieht sich deutlich auf die Teilung Afrikas durch die Kolonialmächte 1884 in Berlin und wehrt sich gegen die Kriminalisierung von Geflüchteten. Das Manifest betont, dass Bürgerkriege und Genozide in Afrika ein Erbe der Kolonialisierung sind und die fortwährende Ausbeutung sowie der Zwang, auf dem „freien" Markt mit hochsubventionierten europäischen Produkten zu konkurrieren, die afrikanischen Ökonomien systematisch zerstören.

Ein Bewusstsein für diese historischen Zusammenhänge, bis heute fortbestehende Abhängigkeiten und Kontrollmechanismen und eine damit einhergehende Mitverantwortung Europas für Migration und Flucht in und aus Afrika ist für die Diskussion dieses aktuell aufgeladenen Themenfeldes unabdingbar. Erst die Anerkennung der Mitverantwortung beider Seiten, in Nord und Süd, eröffnet Türen, Migration und Flucht aus Afrika zu verstehen sowie langfristige Lösungen zu finden, um mit ihr umzugehen.

Anmerkungen

(1) UNHCR (2015): Mid-Year Trends 2014.

(2) Myers, Norman: Environmental Refugees. A Growing Phenomenon of the 21st Century. Philosophical Transactions of the Royal Society B. In: Biological Sciences 357/2002, S. 609–613. Christian Aid (2007): Human Tide – The real Migration Crisis. London.

(3) Diese Darstellung bezieht sich auf erste Forschungsergebnisse aus dem Forschungsprojekt „New Regional Formations – Rapid Environmental Change and Migration in Coastal Regions".

Welches Afrika-Vorurteil besteht den Praxistest nicht?

Keines. Mit den Worten des kamerunischen Philosophen Eboussi Boulaga: „Menschen tendieren dazu, ihre eigenen Mythen und Riten als Vernunft (Rationalität) aufzufassen und die Vernunft anderer Menschen (Rationalität) lediglich als Riten und Mythen."

Zur Autorin

Usha Ziegelmayer, geb. 1984, studierte Afrikanistik und ist wiss. Mitarbeiterin am Institut für Geografische Wissenschaften der FU Berlin.

Kontakt

Usha Ziegelmayer

E-Mail ziegelmayer@zedat.fu-berlin.de

Abbau von Ressourcen

Vom Fluch zum Segen

Von Erika Tchatchouang und Thorsten Nilges

Die Einnahmen aus dem Rohstoffverkauf könnten seit Langem in Sozialleistungen und Infrastruktur fließen. Stattdessen reißen undurchsichtige Abbauverträge Löcher in den Haushalt zentralafrikanischer Länder. Erst wenn der Staatsapparat besser funktioniert und weniger Korruption herrscht, kann der Bergbau die Lebensbedingungen für die Bevölkerung verbessern.

Das vergangene Jahrzehnt war auf dem afrikanischen Kontinent von einer wirtschaftlichen Wachstumsphase mit einer durchschnittlichen jährlichen Wachstumsrate von über fünf Prozent geprägt. Genährt hat sie vor allem der Rohstoffabbau. Gemäß dem Internationalen Währungsfonds (IWF) trägt dieser Sektor in den 20 rohstoffreichsten Ländern Afrikas im Durchschnitt zu über einem Fünftel des Bruttosozialprodukts bei. Dennoch bleibt die Mehrheit der afrikanischen Bevölkerung arm, insbesondere in den rohstoffreichen Ländern.

Dabei gibt es bereits viele Initiativen zur Lösung der für den sogenannten Ressourcenfluch identifizierten Ursachen: mehr Transparenz, mehr Multiparteiendialoge, eine stärkere Einbindung von politischen Kontrollorganen wie Medien, Parlamenten, Kommunen und zivilgesellschaftlichen Organisationen; außerdem wurden die staatlichen Kapazitäten, Verträge zu verhandeln, gestärkt.

Nachhaltige Veränderungen für die Bevölkerung können aus Investitionen in staatliche Dienstleistungen, der Entwicklung von Infrastruktur und von Wirtschaftssektoren resultieren, die auch nachfolgenden Generationen dienen. Gemäß dem IWF sind es jedoch genau die rohstoffreichen Länder, die über eine unzureichende Infrastruktur verfügen, deren Straßennetz häufig nur bis zu einem Fünftel ausgebaut ist und in denen mehr als 30 Prozent der Bevölkerung keinen Zugang zu sauberem Wasser haben. (1)

Soziale und ökologische Auswirkungen

Der Rohstoffabbau gilt als Wohlstandsmotor. Die Realität belegt jedoch, dass sich die Zustände häufig verschlechtern. Die Umweltzerstörung raubt die Grundlage für die Subsistenzlandwirtschaft und der Zuzug von Arbeitern lässt die Lebenshaltungskosten steigen. Die Folgen für die Umwelt äußern sich unter anderem im massiven Verbrauch von fruchtbarem Land, Energie und Wasser. Um negative Folgen für Menschen und Umwelt zu minimieren, müssen die Erkundung, Planung, Ausbeutung und Schließung einer Mine von Anfang an kritisch und kostenintensiv begleitet werden. Das lehrt nicht nur das verlassene Erkundungsvorhaben der kanadischen Firma Méga Uranium in Teubang im Norden Kameruns: Dort hatte der Investor Probebohrungen durchgeführt und die offenen Bohrlöcher anschließend ungesichert zurückgelassen. Unabhängige Wissenschaftler haben festgestellt, dass die gemessene radioaktive Strahlung das Höchstmaß der für den Menschen unbedenklichen Strahlung mehrfach übersteigt. Das unmittelbare Krebsrisiko der Bevölkerung hat zugenommen. (2) Vergleichbar ist die Situation in Mounana, Gabun, wo Aréva eine Uranmine schloss, ohne dass Sicherheitsmaßnahmen für die Bevölkerung getroffen wurden. Ebenfalls bekannt ist das Baumsterben in der Umgebung der Erdölfelder von Exxon im Tschad.

Auf schlechte Regierungsführung, mangelnde Dialogbereitschaft von Investoren und Unternehmen sowie die Instabilität des Sektors durch Preisschwankungen wurde mit Stabilisierungsfonds, der Entwicklung nationaler Finanzmärkte und Dialoginitiativen reagiert, auch Abbauverträge wurden neu verhandelt. Ein Schlüssel zu guter Regierungsführung ist vor allem Transparenz, definiert als Zugang zu klaren und präzisen Informationen in Bezug auf die Einnahmen des Rohstoffsektors und ihre Verwendung. Sie ermöglicht, die von Investoren für die Ausbeutung der nationalen Ressourcen gezahlten Preise sowie die Effektivität der Mittelverwendung zu hinterfragen. Damit bekämpft sie die Korruption und trägt zur Wohlfahrtsmehrung der Nation bei. Transparenz auf allen Entscheidungsebenen fördert die Budgetdisziplin, das Wirtschaftswachstum und die menschliche Entwicklung. (3)

Initiativen für mehr Transparenz

Versuche, zukünftig besser mit dem Rohstoffreichtum des Kontinents umzugehen, etwa durch die Förderung der lokalen Sozialentwicklung oder den Aufbau leistungsfähiger Institutionen, unterstützt unter anderem die 2009 verabschiedete Strategie „African Mining Vision" der Afrikanischen Union. Darüber hinaus erfüllen 15 afrikanische Staaten die Minimalanforderungen des Kimberley-Prozesses. Die teilnehmenden Länder garantieren, dass sie keinerlei Diamanten aus Konfliktregionen exportieren. Die Extractive Industries Transparency Initiative (EITI) hat bereits 23 afrikanische Mitglieder, vier davon haben noch Kandidatenstatus. EITI fordert insbesondere die Veröffentlichung der Zahlungen, die Staaten von Unternehmen des extraktiven Sektors erhalten, darüber hinaus verlangt die Initiative stetige Reformbemühungen von ihren Mitgliedern.

Transparenz ist bitter nötig: Die Demokratische Republik Kongo hat nachweislich – aufgrund der Undurchsichtigkeit von lediglich fünf im extraktiven Sektor unterzeichneten Verträgen – annähernd das Doppelte ihres Budgets für den Bildungs- und Gesundheitssektor der Jahre 2010–2012 verloren. Weil Regierungsvertreter den Abbauvertrag über die Ausbeutung des Eisenerzvorkommens von Simandou im Südosten Guineas völlig intransparent verhandelt haben, entgingen dem Land zwischen 2008 und 2010 Einnahmen in Höhe von 240 Prozent des Staatshaushalts von 2011. (4) Sowohl im Kongo als auch in Guinea hätte eine durch die Veröffentlichung der Verträge besser informierte Öffentlichkeit die Regierung kritisch begleiten und derartige Verluste zu vermeiden helfen können.

Die Forderung ist klar: Die Einnahmen aus dem extraktiven Sektor müssen dem Staatsbudget zugeführt werden, ohne Mittel zu vergeuden, eine Inflation zu verursachen oder die Staatsverschuldung voranzutreiben. Stattdessen gelangen im frankophonen Afrika die Einnahmen häufig in einer Weise in die Staatskasse, dass eine

anschließende gezielte Einnahmenverwendung, etwa für die vom Rohstoffabbau betroffenen Regionen, nicht möglich ist. In Kamerun beispielsweise sind die in der Minengesetzgebung seit 2001 vorgesehenen Transfers der Förderabgabe für mineralische Rohstoffe in Höhe von 15 Prozent an die Kommunen respektive zehn Prozent an die Anrainer(innen) nicht kontrollierbar.
Für eine bessere Kontrolle der Einnahmenverwendung ist ein direkter Transfer der Einnahmen an dezentrale Körperschaften nötig. Außerdem braucht es in rohstoffreichen Ländern eine verstärkte öffentliche Debatte, damit sich die Verwendung der Einnahmen besser kontrollieren lässt. Dafür macht sich insbesondere die kamerunische Sektion der weltweiten zivilgesellschaftlichen Koalition Publish What You Pay stark (vgl. S. 105 ff.).
Der Tschad scheint aus der Verelendung der Anwohner(innen) der Exxon-Erdölfelder gelernt zu haben. Nachdem seit Beginn der Förderung mehrfach eine dezentrale Mittelzuwendung für die Betroffenen gescheitert ist, wurde eine neue Gesetzesinitiative gestartet. Das 2014 erlassene Gesetz „002" zur Nutzung der Erdöleinnahmen bestimmt unter anderem, dass die Hälfte der Erdöleinnahmen in prioritäre Sektoren, etwa Bildung und Gesundheit, investiert wird, 45 Prozent dienen der Staatsverwaltung und fünf Prozent sollen direkt den dezentralen Gebietskörperschaften zugeführt werden.

Wertschöpfung fehlt fast vollständig

Offenkundig ist, dass die afrikanischen Regierungen nicht über das nötige Knowhow verfügen, um selbständig Vorhaben zu erkunden, zu erschließen oder auszubeuten. Es ist ihnen nicht möglich, den Finanz- und Energiebedarf oder die Auswirkungen auf die Umwelt festzustellen. Systematisch sind sie von ausländischen Berater(inne)n und Investoren abhängig, was die Kosten erhöht und die Ausbildung eigener Leute verhindert. Die Minengesetzgebung Guineas will dem einen Riegel vorschieben und schreibt deshalb vor, ausländisches Personal sukzessive durch nationales zu ersetzen.
Ein weiteres Entwicklungshemmnis ist, dass die afrikanischen Erzeugerländer meist keine weitere Wertschöpfung generieren. In ihrem Bericht „Minerals and Africa's Development – International Study Group Report on Africa's Mineral Regimes" weist

die UN-Wirtschaftskommission für Afrika im Jahr 2011 nach, dass der Wert von verarbeiteten Produkten bis zu 400-mal höher liegt als der des Rohstoffs. (5) Mit Blick auf die finanziellen, sozialen und ökologischen Kosten des Rohstoffabbaus und die sinkenden Profite aufseiten der rohstofffördernden Nationen ist die Frage zu stellen, ob eine Rohstoffförderung sinnvoll ist, solange eine umfassende Wertschöpfung nicht möglich ist. Die Entwicklungsimpulse des extraktiven Sektors sind in Subsahara-Afrika noch lange nicht zufriedenstellend, nur bei einer sehr wohlmeinenden Auslegung lässt sich von einer gewissen Dynamik und Evolution sprechen.

„Internationale Korruption sorgt bis heute dafür, dass die sozialen und ökologischen Kosten des extraktiven Sektors sozialisiert, seine Profite jedoch privatisiert werden.“

Damit der Rohstoffabbau zur nachhaltigen Entwicklung beitragen kann, müssen Investitionen in Bildung und Infrastruktur diversifizierte Wirtschaftszweige entstehen lassen, die über die Ausbeutung der Mine hinaus fortleben. In jedem Fall braucht es vor jeder Abbauentscheidung eine kritische Analyse, welchen nachhaltigen Entwicklungsbeitrag ein Rohstoffabbauprojekt leisten kann. Im Vorfeld, zumindest aber zeitgleich, ist die Bekämpfung der endemischen Korruption des Sektors unvermeidlich. Diese sorgt bis heute dafür, dass die sozialen und ökologischen Kosten des extraktiven Sektors sozialisiert, seine Profite jedoch privatisiert werden. Nötig für die Durchführung sind geschulte Expert(inn)en und die Kontrolle von sozialen und ökologischen Verträglichkeitsprüfungen, damit Betroffene angehört und in die Entscheidungsfindung eingebunden werden können. Etablierte Mindeststandards müssen endlich Anwendung finden, und eine Abbauentscheidung darf nur fallen, wenn die Kosten für die Entschädigung der Opfer und die Wiederherstellung des einstigen ökologischen Zustands im Anschluss an den Abbau bekannt sind. Regierungen müssen in die Lage versetzt werden, adäquate Budgets zu planen, die die Einnahmen aus dem Abbau verantwortlich in Sozialleistungen, den Aufbau von Humankapital und Infrastruktur investieren. Botswana gilt als Vorbild, hier wird das Budget regelmäßig angepasst und in Bezug auf seinen Beitrag zur nachhaltigen Entwicklung überprüft. Grundsätzlich bleibt dem afrikanischen Kontinent zu wünschen, dass sich weitere nationale Abbauprojekte erst in fernerer Zukunft realisieren – dann wenn der Staatsapparat besser funktioniert und weniger Korruption herrscht, sodass der Bergbau zur Entwicklung beitragen kann.

Vor allem in der zentralafrikanischen Region sind politische Stagnation und Korruption an der Tagesordnung. Insbesondere in Kamerun wird dies deutlich. Vorhaben wie der Abbau des Eisenerzvorkommens in Mbalam, im Südwesten Kameruns, wo die Abbaulizenz seit 2012 besteht, werden nicht in Angriff genommen, da für den Abbau weder die notwendige Energie noch die Infrastruktur zur Verfügung steht. Die Situation des Bauxitabbauprojekts in der kamerunischen Region Adamaoua ist identisch. Konventionen werden nicht unterzeichnet respektive vom Lizenznehmer nicht umgesetzt.

Investoren zur Rechenschaft ziehen

Die vor Ort etablierten politischen Systeme sind bezüglich der Korruptionsbekämpfung und der menschlichen Entwicklung rückschrittlich und scheinen derzeit kaum in der Lage zu sein, die anspruchsvolle Herausforderung einer politischen Administration des extraktiven Sektors zum Wohle der Gesamtbevölkerung zu meistern.

Weil sich die Investoren dieser Tatsache durchaus bewusst sind, müssen auf internationaler Ebene Mechanismen entwickelt werden, die sie zur Rechenschaft ziehen. Denn investiert wird bewusst in Nationalstaaten, die zu schwach sind, um sie zu kontrollieren. Dies gilt für Exxon Mobil genauso wie für Méga Uranium, Glencore, Aréva oder Bolloré.

Anmerkungen

(1) International Monetary Fund (2012): Perspectives de l'Économie Mondiale. Washington D.C.

(2) Bayang, David/Nilges, Thorsten: Uranium Exploration in Cameroon. In: World Information Service on Energy (2014): Radiating Africa. The Menace of Uranium Mining. Case Studies on Cameroon, Mali and Tanzania. Amsterdam, S. 25-44.

(3) Bellver, Ana/Kaufmann, Daniel: Transparenting Transparency, Initial Empirics and Policy Applications. Vortrag bei der „Conference on Transparency and Integrity" des International Monetary Fund am 6.-7.7.2005.
(4) Africa Progress Panel (2013): Equité et Industries Extractives en Afrique. Rapport sur les Progrès en Afrique. Genf, S. 54-62.
(5) Wirtschaftskommission für Afrika der Vereinten Nationen (2011): Minerals and Africa's Development. International Study Group Report on Africa's Mining Regimes. S. 105. Download unter www.uneca.org/publications/minerals-and-africas-development

Welches Afrika-Vorurteil besteht den Praxistest nicht?

a) Kein Vorurteil, sondern eines Tages Realität: „Afrika wird seine eigene Geschichte schreiben und sie wird im Norden und Süden der Sahara eine rühmliche und würdige Geschichte sein." (Patrice Lumumba, 1925-1961, erster Premierminister des unabhängigen Kongo)

b) Der Westen ist der bessere Kooperationspartner als China. - Müssen sich nicht alle, die in Afrika Gewinne erwirtschaften wollen, die Frage stellen, wie/ob sie den Interessen der Afrikaner gerecht werden?

Zur Autorin, zum Autor

a) Erika Tchatchouang, geb. 1979, ist Juristin. Seit 2011 ist sie Programmverantwortliche für das Exzellenzzentrum „Rohstoff-Governance im frankophonen Afrika". Sie promoviert derzeit über die Wahrung der Menschenrechte bei der Ressourcenerschließung in Afrika.

b) Thorsten Nilges, geb. 1978, ist Steuerfachangestellter und hat Politikwissenschaften, Staats- und Europarecht und Soziale Arbeit studiert. Er ist seit Mai 2015 (wieder) Referent in der Abteilung Afrika und Naher Osten bei Misereor. Davor war er integrierter Berater für Menschenrechte und extraktive Industrien bei der Nationalen Justitia-und-Pax-Kommission der katholischen Kirche in Kamerun.

Kontakt

Erika Tchatchouang, Thorsten Nilges
E-Mail tchatchouange@yahoo.com,
nilges.thorsten@gmail.com

Bedrohte Biodiversität

Wenn die Vielfalt schwindet

Von Svane Bender-Kaphengst

Armut, Bevölkerungswachstum und Ressourcenabbau, aber auch Land Grabbing und der Klimawandel zerstören natürliche Ökosysteme und deren Tier- und Pflanzenvielfalt. Darunter leidet schon heute nicht nur die Natur, sondern auch das menschliche Wohlergehen – und das ist erst der Anfang.

Stellen wir uns einen von außen dicht anmutenden afrikanischen Wald in einer ansonsten übernutzten, eher trostlosen Landschaft vor. Im Inneren erwarten uns Leere und Stille: Einzelne große Bäume, kaum Unterwuchs, Schling- oder Kletterpflanzen, keine singenden, schnatternden Vögel, kein Brummen und Zirpen von Insekten, keine lautstarken Affen in den Baumkronen ... Könnte so die Zukunft afrikanischer Wälder aussehen, bevor sie schließlich ganz verschwinden? In einigen Regionen Afrikas ist beides tatsächlich schon heute traurige Realität.

Ähnlich bedrängt wie Wälder sind viele wasserproduzierende und -speichernde Feucht-, Seen- und Flussgebiete sowie marine Habitate, die Lebensraum für viele bedrohte Tierarten sind und dem Menschen wichtige Ökosystemleistungen erbringen. Der Kontinent Afrika stellt eine wichtige Kernregion für die biologische Vielfalt der Erde dar. Rund ein Viertel der 4.700 weltweit verbreiteten Säugetierarten und zwischen 40.000 und 60.000 Pflanzenarten stammen von hier. (1) Gleichzeitig beheimatet Afrika acht der 34 weltweit ausgewiesenen Hotspots der Biodiversität, also der Regionen, die eine große Zahl an endemischen, nur hier vorkommenden Pflanzen- und Tierarten aufweisen und deren Natur in besonderem Maße bedroht ist. Das Aussterben von Arten ist unumkehrbar. Die Erhaltung und nachhaltige Nutzung der Biodiversität gelten zudem als wichtige Grundlagen für das menschliche Wohlergehen. In Afrika hängen viele Menschen unmittelbar von den natürlichen Ressourcen ihrer Umgebung ab. Nahrung verschiedener Art, Bau- und Feuerholz sowie Medizinal- und andere Nutzpflanzen werden in umliegenden Ökosystemen gesammelt und bilden zusammen mit kleinbäuerlicher Landwirtschaft meist die Lebensgrundlage. Dieser Abhängigkeit sind sich die Menschen in den ländlichen Regionen Afrikas zumeist bewusst. Armut, Bevölkerungswachstum und damit einhergehende steigende Bedürfnisse sowie fehlender Zugang zu Land und Einkommensmöglichkeiten lassen ihnen jedoch selten eine andere Wahl, als auf die Natur ihrer Umgebung zurückzugreifen, um sich zu versorgen. Hinzu kommt, dass Jüngeren die spirituelle Bindung ihrer Eltern und Großeltern zur Natur fehlt, was zu einer ungehemmteren Nutzung führt.

Verheerende Folgen durch den Mineralabbau

Abgesehen von sozioökonomischen Zwängen ist Afrika in spezieller Weise vom weltweiten Klimawandel betroffen (vgl. S. 44 ff.). Zu Extremwetterlagen und schleichenden Klimaveränderungen kommen globale Entwicklungen wie die Zunahme invasiver Arten, die zu einer Massenvermehrung beziehungsweise einer Verdrängung der jeweils heimischen Fauna und Flora führt und Ökosysteme aus dem Gleichgewicht bringt. Darüber hinaus liegen sechs der zehn weltweit bedeutendsten Zielländer für transnationalen Landkauf in Afrika (vgl. S. 65 ff.). (2) Natürliche Wälder und fruchtbare Grasländer oder Feuchtgebiete werden in hochproduktives Ackerland umgewandelt, angestammte Gemeinden häufig vertrieben. Durch diesen großflächigen Verkauf von Land werden vielfach natürliche Ökosysteme und deren Artenvielfalt zerstört, und der lokalen Bevölkerung gehen angestammte Flächen für die Landwirtschaft verloren, sodass sie weiter verarmt und vermehrt natürliche Ressourcen nutzt. In vielen Fällen spielt Korruption bei der Vergabe des Landes eine bedeutende Rolle, was auch ein Grund dafür sein mag, dass diese Entwicklung trotz der Erarbeitung der „Freiwilligen Leitlinien für die verantwortungsvolle Verwaltung von Boden- und

Landnutzungsrechten, Fischgründen und Wäldern" anhält. (3) In Europa rechnet man pro Kopf mit einem Rohstoffverbrauch, der viermal so hoch ist wie der in Afrika. Angestoßen von diesem Bedarf an Rohstoffen ist in einigen afrikanischen Staaten gegenwärtig ein rasantes Wirtschaftswachstum zu beobachten, denn fast ein Drittel der weltweiten Mineralvorkommen liegt in Afrika. Deren Abbau hat für Ökosysteme verheerende Folgen wie Rodung, Verwüstung und Vergiftung von Boden und Wasser durch eingesetzte Chemikalien. Schon heute sind rund 65 Prozent der landwirtschaftlichen Fläche Afrikas degradiert oder verunreinigt. Bürgerkriege und gewaltsame Auseinandersetzungen bringen Feuer und Raubbau an der Natur sowie Flüchtlingsströme mit sich, sodass sowohl in den Krisenregionen als auch in den Regionen, in denen Menschen Schutz suchen, Holzressourcen und essbare Tier- und Pflanzenarten in kürzester Zeit verschwinden.

Von einer weltweiten Aussterberate von drei bis 130 Arten pro Tag ging der Wissenschaftliche Beirat der Bundesregierung für globale Umweltveränderungen (WBGU) bereits 1995 aus. Das Verschwinden von Arten verändert langfristig Ökosysteme und reduziert deren bedeutende Ökosystemleistungen wie Klimaregulation, Wasserproduktion und Selbstreinigung von Fließgewässern sowie die Bestäubung und Verbreitung von Wild- und Nutzpflanzen durch Insekten und andere Tiere. Die Auswirkungen der sich verändernden und schwindenden Artenvielfalt in Afrika sind schon heute spürbar und werden in den kommenden Jahren sicherlich zunehmen. Vegetationsbedeckung, Bodenfruchtbarkeit und stabilisierende Ökosystemfunktionen gehen zurück, das Grundwasserniveau sinkt, infektiöse Krankheiten und andere Gesundheitsrisiken nehmen zu, die Ernährungssicherheit wird noch stärker gefährdet. All das führt zu einer Reduzierung der Lebensqualität, einer zunehmenden Zahl an Umweltflüchtlingen und gewalttätigen Konflikten sowie zur Abwanderung der Landbevölkerung in die Städte (vgl. S. 92 ff.).

Das Kafa-Biosphärenreservat – ein Hotspot der Vielfalt

Eines der artenreichsten Länder der Erde ist Äthiopien. Als besonders wertvolle Schlüsselökosysteme gelten die letzten verbliebenen Wälder. Bis in die 1970er-Jahre war Äthiopien zu etwa 40 Prozent mit Wald bedeckt, heute wird die Waldfläche bei einer Entwaldungsrate von 80.000 bis 200.000 Hektar pro Jahr auf nur mehr knapp

„Sowohl in Krisenregionen als auch in Regionen, wo Menschen Schutz suchen, verschwinden Holzressourcen und essbare Tier- und Pflanzenarten in kürzester Zeit.“

drei Prozent geschätzt. Expert(inn)en warnen, dass bei einer gleich bleibenden Entwaldungsrate bis zum Jahr 2020 alle Waldressourcen verloren sein werden. Das 760.000 Hektar große Kafa-Biosphärenreservat im Südwesten Äthiopiens beheimatet eine der letzten natürlichen Waldregionen des Landes und zeichnet sich durch seine Artenvielfalt sowie ausgedehnte Feucht- und Auengebiete aus. (4) Die Region ist geprägt durch afromontane Bergnebel- und Regenwälder mit wildem Arabica-Kaffee, Bambushochwälder sowie Busch- und Grasländer. Das Gebiet ist Teil des Eastern Afromontane Biodiversity Hotspot, zudem ein Schlüsselgebiet der Biodiversität („Key Biodiversity Area"). Es wurde von der äthiopischen Regierung als Waldschutzgebiet unter nationalen Schutz gestellt und 2010 zum UNESCO-Biosphärenreservat erklärt. Besonders hervorzuheben ist seine Bedeutung als Ursprung und Zentrum der genetischen Vielfalt von Arabica-Kaffee mit einem Wert von rund 1,5 Milliarden US-Dollar (5) und als global bedeutende In-situ-Genbank.

Die Menschen der Region leben maßgeblich von der Landwirtschaft und dem Verkauf des Wildkaffees und der natürlichen Ressourcen ihrer Umgebung, zu denen Brenn- und Baumaterial, Medizinalpflanzen und Gewürze, Tierfutter, Früchte, Pilze sowie Honig zählen. Über Jahrhunderte haben sie Nutzung, Traditionen und Gebräuche auf die Natur abgestimmt. Bevölkerungswachstum, Armut, illegaler Zuzug und Agrarinvestitionen in Tee oder Kaffee führten jedoch zu wachsendem Druck auf die natürlichen Ressourcen. Obwohl in Äthiopien hervorragende Gesetze und Verordnungen für Wald- und Biodiversitätsschutz und -nutzung existieren, wird ihre effektive Umsetzung durch unzureichende Kapazitäten der verantwortlichen Institutionen verhindert. Gleichzeitig sind die Auswirkungen des Klimawandels mit unregelmäßigen Niederschlägen, Extremwetterlagen wie Starkregen oder Dürre sowie die Zunah-

me von Schädlingen zunehmend spürbar, insbesondere der Arabica-Wildkaffee reagiert nachweislich sensibel.
Seit 2009 setzt sich der Umweltverband NABU mit Unterstützung der Internationalen Klimaschutzinitiative (IKI) des Bundesministeriums für Umwelt, Naturschutz, Bau und Reaktorsicherheit (BMUB) für den Schutz und die nachhaltige Nutzung der verbliebenen afromontanen Nebelwälder Kafas ein, um deren einzigartige Artenvielfalt zu erhalten, Treibhausgasemissionen zu vermeiden und die Lebensgrundlage für die lokale Bevölkerung langfristig zu sichern. (6) Wald- und Feuchtgebiete werden in nachhaltiges, partizipatives Gemeindemanagement überführt. Gezielte Entwicklungsprogramme für Handwerk, Ökotourismus und Regionalprodukte, energiesparende Öfen sowie Bildungsprogramme für Kinder und Jugendliche sollen Verständnis für Biodiversität im Klimawandel schaffen und zugleich die regionale Entwicklung fördern. Das Projekt soll die lokale Bevölkerung darin unterstützen, selbstständig den langfristigen Schutz von Natur und natürlichen Lebensgrundlagen zu gewährleisten. Dennoch ist die Perspektive für die bedrohte Natur der Region unsicher.

Umdenken tut not

Auch in vielen anderen afrikanischen Ländern fehlen eine konsequente Umsetzung der Gesetze und Budgetmittel für die langfristige Erhaltung von Ökosystemen und biologischer Vielfalt. Rund 50 der 53 Länder Afrikas verfügen inzwischen über nationale Biodiversitätsstrategien und Aktionspläne. Zudem wurde die Zahl der Schutzgebiete zu Land und Wasser vergrößert. Nach Aussage der betroffenen Staaten mangelt es jedoch weiterhin daran, die Pläne in Sektoren wie Landwirtschaft, Fischerei und Tourismus zu integrieren. (7) Schutzgebieten fehlen ausreichende Mittel für Personal und Management. Hier müssen sowohl die afrikanischen Regierungen als auch die internationale Entwicklungszusammenarbeit dringend umdenken; es gilt den Wert gesunder Ökosysteme und Biodiversität in ihrer vollen Bedeutung für das Wohlergehen der Menschen anzuerkennen und ihre Erhaltung, Förderung und nachhaltige Nutzung entsprechend politisch und finanziell voranzutreiben. Für Millionen arbeits- und einkommensloser Jugendlicher, die notgedrungen ihre Umwelt ausbeuten oder die Flucht aus ihrem Land als einzige Perspektive sehen, sind faire Nutzungsrechte und alternative Einkommensquellen zu schaffen.

Es ist zudem dringend notwendig, schädliche Formen von Landwirtschaft und Rohstoffgewinnung zu unterbinden. Hierzu sollten beispielsweise freiwillige Leitlinien in nationale Gesetze umgewandelt werden, sodass es möglich ist, die Partizipation der Bevölkerung in Entscheidungsprozessen zu befördern, verantwortungsvoll handelnde Unternehmen zu unterstützen und die Landrechte zu stärken. In all diesen Prozessen können und sollen die Zivilgesellschaft und NGOs eine starke flankierende Rolle spielen, um Behörden in den Ländern bei der Umsetzung zu helfen und eine langfristige Erhaltung der natürlichen Umwelt und der Biodiversität zu ermöglichen.

Anmerkungen

(1) UNEP (2008): Africa. Atlas of our Changing Environment. www.unep.org/dewa/africa/AfricaAtlas

(2) Vgl. www.landmatrix.org

(3) Die Freiwilligen Richtlinien wurden nach mehrjährigen Verhandlungen von 96 Ländern, mehr als 25 zivilgesellschaftlichen Organisationen, der Wissenschaft, der Privatwirtschaft und verschiedenen Entwicklungsorganisationen durch 124 Mitgliedsstaaten des Ausschusses für Welternährungssicherung der Vereinten Nationen im Mai 2012 einstimmig beschlossen. Die Umsetzung der Leitlinien beruht auf Freiwilligkeit, es besteht allerdings de facto eine Selbstverpflichtung der beteiligten Staaten, die Leitlinien umzusetzen.

(4) www.kafa-biodiversity.com

(5) Hein, Lars/Gatzweiler, Franz: The Economic Value of Coffee (Coffea Arabica) Genetic Resources. In: Ecological Economics 60/2006, S. 176–185.

(6) www.kafa-biodiversity.com

(7) UNEP (2010): State of Biodiversity in Africa. www.cbd.int/iyb/doc/celebrations/iyb-egypt-state-of-biodiversity-in-africa.pdf

Welches Afrika-Vorurteil besteht den Praxistest nicht?

Die Afrikaner sind doch alle unterentwickelt und haben kein Verständnis für die Erhaltung ihrer natürlichen Umwelt.

Zur Autorin

Svane Bender-Kaphengst, geb. 1974, ist Diplom-Landschaftsökologin. Nach der wiss. Beschäftigung mit nachhaltigen Fischereisystemen und der Effektivität von Schutzgebieten bei der Erhaltung von Biodiversität, leitet sie seit 2009 das Afrikaprogramm des NABU e.V.

Kontakt

Svane Bender-Kaphengst
NABU – Naturschutzbund Deutschland e.V.
E-Mail Svane.Bender@nabu.de

Hunger in der Sahelzone

Die Wurzeln des Übels

Von Mariam Sow

Im Sahel herrscht der Hunger. Als reichten Armut, politische Instabilität, schwache Infrastrukturen, wirtschaftliche Abhängigkeit und gefährdete Ökosysteme nicht, um die Situation zu erschweren, wird der Klimawandel die multiple Krise weiter verschärfen. Für eine nachhaltige Entwicklung der Region können nur afrikanische Entscheidungsträger sorgen.

Für die Bewohner(innen) der Sahelzone (1) ist die Ernährungsunsicherheit eine ständige Gefahr. Jedes Jahr gehen vor allem aufgrund von Dürren degradierte Flächen verloren, Tierherden werden dezimiert, und auch heute noch verhungern Menschen. Zuletzt kam es im Juli 2011 am Horn von Afrika zu einer erheblichen Dürre – der schwersten seit 20 Jahren. Die Hungersnot betraf zwölf Millionen Menschen, vor allem im von islamistischen Al-Shabaab-Rebellen kontrollierten Süden Somalias. Neben der Dürre führen Klimaveränderungen, sich häufende Naturkatastrophen, ein hohes Armutsniveau, das rasante Bevölkerungswachstum und schlechte Regierungsführung zu immer neuen Krisen im Bereich der Nahrungsmittelversorgung und Ernährung, die sich auch mit öffentlichen Maßnahmen nur schwer bekämpfen lassen. Darüber hinaus hat die politische Instabilität, die seit vielen Jahren in der Sahelzone herrscht, in der jüngsten Vergangenheit sogar noch zugenommen. So fand der beispielhafte Demokratisierungsprozess in Mali durch den Militärputsch von

März 2012 ein jähes Ende. Auch der Darfur-Konflikt im Westen des Sudans sorgte für erhebliche Sicherheitsrisiken, indem er auf den Tschad übergriff. Die Bevölkerung der Sahelzone, die zu den ärmsten Regionen der Welt gehört, lebt von der Landwirtschaft. Für diese gab es noch nie eine echte politische Vision, etwa für die Bewirtschaftung des Wassers, die Verbesserung der Erzeugungs- und Verarbeitungstechniken und der Vermarktung mit dem Ziel, einen nachhaltigen Wohlstand zu schaffen. Nach wie vor fehlt es an finanziellen Mitteln und Infrastrukturen für die Landwirtschaft. Schlimmer: Der Übergang zu einer wenig diversifizierten Landwirtschaft und die exzessive Nutzung von gesundheitsgefährdenden Pestiziden können heute als Hauptursachen für Krankheiten und Mangelernährung in der Region gelten.

„Grüne Revolution" verdrängt traditionellen Anbau

Die Ernährungssituation hat sich in der gesamten Sahelzone verschlechtert, besonders in den wasserreicheren Regionen wie im Tal des Senegal-Flusses durch den Bau der Stauseen Diama und Manantali (vgl. S. 71 ff.). Dadurch wurde die natürliche Bewässerung durcheinander gebracht, mit der die Bauernfamilien bis dato verschiedene Kulturpflanzen angebaut und eine abwechslungsreiche und qualitativ gute Ernährung sichergestellt haben. Heute wird in der Landwirtschaft unter Einsatz fossiler Energieträger mit Motorpumpen bewässert und es werden lediglich noch zwei bis drei Kulturpflanzen angebaut: Reis für den Eigenbedarf, Zwiebeln und Tomaten für den Verkauf. Durch den Einzug der Grünen Revolution werden verstärkt Pestizide und Mineraldünger eingesetzt, die traditionelle Anbaumethoden und Gemüsesorten zurückdrängen. Aufgrund der Störung der natürlichen Folge von Hoch- und Niedrigwasser sind auch Viehhaltung und Fischfang in der Region im Niedergang. Dadurch wird die Bevölkerung immer schlechter mit Eiweiß, vornehmlich in Form von Milch und Fisch, versorgt.
Nach Angaben des Weltklimarats IPCC zählt die Sahelzone zu den Regionen, die am stärksten unter den Auswirkungen des Klimawandels zu leiden haben werden. Die Gründe: Armut, die starke Abhängigkeit der Bevölkerung von den natürlichen Ressourcen, die Anfälligkeit der Ökosysteme, schwache Infrastrukturen und die begrenzten wissenschaftlichen und technischen Fähigkeiten vor Ort. Die Klimaveränderungen werden den Berichten des IPCC zufolge zu einem Rückgang der Nieder-

schläge und einem Anstieg der Temperaturen und des Meeresspiegels führen. Das wiederum wird die natürlichen Ökosysteme und das sozioökonomische Gefüge beeinträchtigen. Die Folgen für Land- und Forstwirtschaft, Industrie, Wasserressourcen und Küstengebiete sind bereits absehbar: Landwirtschaftliche Erträge werden sinken, Wasserläufe werden versanden, Wüsten werden sich weiter ausbreiten und es wird zu massiven Bevölkerungswanderungen kommen (vgl. S. 25 ff.).

Spekulation verteuert Grundnahrungsmittel

Eine weitere Ursache für den Hunger liegt in der Kolonialzeit begründet. Zwar sind die Länder mittlerweile politisch unabhängig, ihre wirtschaftliche Unabhängigkeit haben sie damit jedoch nicht erlangt. Bis heute sind sie mehrheitlich auf die Produktion und Ausfuhr eines einzigen Erzeugnisses spezialisiert, wofür sie den Anbau von Nahrungsmitteln vernachlässigten. In der Folge wurden sie nach und nach von den (schwankenden) Weltmarktpreisen dieser Erzeugnisse abhängig und waren gleichzeitig gezwungen, Grundnahrungsmittel zu importieren. Im Senegal beispielsweise werden auf 40 Prozent der landwirtschaftlich genutzten Flächen Erdnüsse angebaut, die Exporte decken fast die Hälfte des gesamten Welthandels mit Erdnussöl. Jährlich produziert das Land etwa 150.000 Tonnen Erdnussöl, verzehrt selbst aber nach wie vor importiertes Öl.

Zusätzlich verschärft die Spekulation mit Nahrungsmitteln die Lage der Ärmsten und Bedürftigsten. Die Spekulation hat die Preise der drei weltweiten Grundnahrungsmittel Mais, Weizen und Reis in den vergangenen Jahren immens nach oben getrieben. Vor allem auf den lokalen Märkten Ostafrikas, wo es aufgrund der Dürre im Jahr 2011 keine Nahrungsmittelvorräte mehr gab, waren die Auswirkungen stark zu spüren: So sind in Somalia die Preise für Sorghum und Mais zwischen 2010 und Sommer 2011 um 150 respektive 200 Prozent gestiegen.

Wenig an Hunger und Armut ändert außerdem der Schuldendienst: Laufende Zahlungen für Verzinsung und Tilgung aufgenommener Schulden machen heute einen erheblichen Teil des Staatshaushalts der am stärksten verschuldeten Länder aus – das wirkt sich negativ auf die Finanzierung ihrer Sozialsysteme mit medizinischer Grundversorgung, auf die Bildung und die Wasserversorgung aus. In den 1980er-Jahren verpflichteten der Internationale Währungsfonds (IWF) und die Weltbank

„Es stellt sich die Frage, ob die Armut Afrikas nicht zum Teil gewollt und organisiert ist. Vom Reichtum Afrikas profitieren schließlich immer nur andere, vor allem im Westen.“

überschuldete Entwicklungsländer zu Strukturanpassungsprogrammen. Diese führten durch die Abschaffung von Zollbarrieren zur Liberalisierung der überschuldeten Länder Afrikas. Dass sich die Länder für den Import von landwirtschaftlichen Grunderzeugnissen zu niedrigen Preisen öffneten, hatte einen Preisverfall bei den heimischen Erzeugnissen zur Folge. Der IWF erkannte den Fehler, die Landwirtschaft der afrikanischen Länder der Konkurrenz mit den Industriestaaten schutzlos ausgeliefert zu haben, und leitete entsprechende Reformen ein. Heute verfolgt er zusätzlich das Ziel der Armutsbekämpfung.

Die Liberalisierung zwang die meisten afrikanischen Staaten überdies dazu, Unternehmen zu privatisieren, in denen staatliches Kapital gebunden war. Darüber hinaus mussten sie die staatliche Unterstützung für die bäuerliche Landwirtschaft verringern, was zu Einkommensverlusten der Bäuerinnen und Bauern geführt hat. Infolgedessen mussten diese ihre Ausgaben senken, konnten ihre Ausstattung nicht erneuern und erst recht nicht investieren. Die in der Landwirtschaft Tätigen hatten schließlich keine andere Wahl, als in die Städte zu gehen und dort Geld zu verdienen (vgl. S. 92 ff.).

Wirtschaftsschädigende Importe

Es stellt sich die Frage, ob die Armut Afrikas nicht zum Teil gewollt und organisiert ist. Vom Reichtum Afrikas profitieren schließlich immer nur andere, vor allem im Westen. Derzeit soll Afrika dazu gezwungen werden, sogenannte Wirtschafts-Partnerschafts-Abkommen (WPA) zu unterzeichnen, obwohl längst bekannt ist, dass afrikanische Produkte mit stark subventionierten Gütern aus Europa, die ohne Zollgebühren importiert werden, nicht konkurrieren können. Die im Rahmen der WPA empfohlene

Öffnung der Märkte würde die fragilen lokalen Produktionssysteme der afrikanischen Landwirtschaft und Industrie zerstören und den Kontinent unwiderruflich dazu verurteilen, von Importen zu leben. Wie stark die Wettbewerbsfähigkeit Afrikas bereits heute unter Importen aus Europa leidet, zeigen die NGOs Oxfam und Enda Pronat seit mehreren Jahren anhand der katastrophalen Auswirkungen auf, die europäische Geflügelexporte auf westafrikanische Erzeuger haben. Mit einer Unterzeichnung von Wirtschafts-Partnerschafts-Abkommen droht diese Entwicklung auch einigen anderen Branchen.

Der aufgrund der stark subventionierten landwirtschaftlichen Erzeugnisse aus Europa unlautere Wettbewerb ist geprägt von:

- einer direkten Konkurrenz zwischen europäischen und afrikanischen Erzeugnissen auf den afrikanischen Binnenmärkten; das gilt insbesondere für Innereien, Rind- und Geflügelfleisch, Milch und Zucker,
- einer indirekten Konkurrenz durch europäische Erzeugnisse aufgrund von Substitutionseffekten; das betrifft vor allem einheimisches Getreide, das durch Weizen- oder Weizenmehlimporte ersetzt wird, sowie
- einer Konkurrenz zwischen europäischen Erzeugnissen und den Exporten einiger afrikanischer Länder auf dem afrikanischen Regionalmarkt.

Derzeit kommt wieder vermehrt Bewegung in die Verhandlungen über die Wirtschafts-Partnerschafts-Abkommen. Bisher hatten sich die afrikanischen und europäischen Verhandlungsführer(innen) nicht auf Grundprinzipien einigen können – auch weil die europäische Seite Afrika eine 80-prozentige Liberalisierung seines Marktes auferlegen will, ohne im Gegenzug die geringsten Zugeständnisse bei den Zöllen zu machen, wie es die afrikanischen Staaten als Ausgleich verlangen.

„Afrika den Afrikanern"

Organisationen der Industrie und Landwirtschaft in der Sahelzone fordern die Verhandlungsdelegationen nachdrücklich dazu auf, die Konferenzsäle zu verlassen und sich vor Ort ein Bild von den Schwierigkeiten zu machen. Übergangsphasen von zwölf bis 18 Jahren vor dem Inkrafttreten der vollständigen Gegenseitigkeit reichen schlicht nicht aus, um das Gefälle hinsichtlich der Wettbewerbsfähigkeit zwischen der EU und Afrika auszugleichen. Abgesehen davon hat keine lebens- und leistungsfähige Volkwirtschaft ihre heutige Stärke ohne Schutzmaßnahmen erreicht – und aufgrund der Maßnahmen der Strukturanpassungsprogramme ist Afrika nach wie vor der Kontinent mit dem geringsten Schutzniveau weltweit.

Vor dem Hintergrund all dieser Probleme müssen Politik und Zivilgesellschaft stärker dafür arbeiten, sich im Sinne der Devise „Afrika den Afrikanern" für Frieden, Demokratie, Transparenz und Sachlichkeit einzusetzen. Die afrikanischen Entscheidungsträge-r(innen) müssen die Chance, dass heute alle Augen auf ihren Kontinent gerichtet sind, ergreifen, um eine nachhaltige und dauerhafte Entwicklung voranzutreiben, die zuallererst den Menschen zugute kommt. Vor allem müssen die Afrikaner(innen) selbst und ihre Basisorganisationen die Gelegenheit bekommen, ihre Sichtweisen auf die afrikanische Entwicklungspolitik und die damit einhergehenden Programme einzubringen. Afrika darf die Fehler Europas nicht wiederholen – wo man zum Beispiel durch schlechtes Management die natürlichen Ressourcen aufgebraucht hat.

Anmerkung

(1) Zur Sahelzone gehören die Länder Mauretanien, Mali, Senegal, Burkina Faso, Nigeria, Niger, Tschad, Sudan, Süd-Sudan, Äthiopien und Eritrea.

Zur Autorin

Mariam Sow ist Koordinatorin der NGO Enda Pronat, die gemeinsam mit bäuerlichen Gemeinschaften im Senegal zum Aufbau eines gesunden und nachhaltigen Landwirtschaftsmodells forscht und unterstützende Aktionen umsetzt.

Kontakt

Mariam Sow

E-Mail mariam@endatiersmonde.org

Afrikas Bildungssituation

Hefte raus, Klassenarbeit für alle

Von Andreas Kahler

Bildung ist der Schlüssel für ein selbstbestimmtes Leben und die nachhaltige Entwicklung des Kontinents. Die Zahl der Kinder, die zur Schule gehen, wächst, doch vom Ende der Bildungskrise in Afrika kann noch längst keine Rede sein. Das Engagement von NGOs und der lokalen Bevölkerung führt immerhin dazu, dass Lernangebote häufiger werden und das Unterrichtsniveau steigt.

Frühmorgens, irgendwo zwischen Dorf und Stadt, scheint ganz Afrika auf den Beinen zu sein. Hunderte Kinder gehen die Landstraße entlang, die meisten in Schuluniformen gekleidet, deren Farben und Schnitt sich je nach Schule unterscheiden. Es fährt kein Bus, doch die Kinder sind den Weg gewohnt. Sie gehen in Grüppchen zu dritt oder viert, manche plaudernd, andere mit aufgeschlagenem Heft in der Hand, um vielleicht im letzten Moment die Pflichtlektüre für den gleich beginnenden Unterricht zu erledigen.

Die Lust aufs Lernen scheint allgegenwärtig in Afrika. Wie die Jugendlichen morgens zur Schule strömen, das sieht nach Aufbruch aus. Doch wer sie dann in ihren überfüllten Klassenzimmern besucht, wo sie eng zusammengedrängt dem Unterricht an der Tafel folgen, merkt, dass die Art der Lehre für sie wenig erquicklich sein muss

und dass auch sonst manches im Argen liegt. Verglichen mit früher nehmen wesentlich mehr Kinder am Unterricht teil, die Einschulungsrate hat sich auch in Afrika südlich der Sahara deutlich verbessert: von 59 Prozent (1999) auf 79 Prozent (2012). (1) Aber die Schulwelt bleibt weit hinter den Erwartungen und Bedürfnissen zurück, was sich auch an den Lernergebnissen zeigt. Nach ihrer Schulzeit haben die meisten Heranwachsenden nicht das Wissen und die Fähigkeiten erworben, die sie brauchen, um in der Arbeitswelt, im gesellschaftlichen Zusammenleben und in der persönlichen Sphäre ihr Leben so zu führen, wie sie es wollen. Gesundheit und Wohlergehen hängen individuell als auch gesellschaftlich davon ab, wie Lernen stattfindet. Umso bestürzender, dass es noch immer an der Alphabetisierung hapert.
Ein Viertel aller Analphabet(inn)en lebt in Afrika. Und genau besehen genügt auch die Einschulungsrate noch nicht: Von den weltweit knapp 60 Millionen Kindern, die nicht zur Schule gehen, leben die meisten in Afrika, und nur jede(r) zweite Jugendliche besucht hier die (untere) Sekundarstufe. Besonders deutlich zeigt sich die Bildungskrise an den Zahlen in West- und Zentralafrika: Eins von vier Kindern geht hier nicht zur Schule, 31 Prozent aller Mädchen und 23 Prozent der Jungen. (2)

Gründe für die Bildungskrise

Bildungsarmut trifft ausgerechnet die Menschen am härtesten, deren Leben ohnehin durch Armut, Gewalt oder Krankheit beeinträchtigt ist. Das Recht auf Elementarbildung für alle harrt weiterhin seiner Verwirklichung. Der von der Weltgemeinschaft angestrebte Durchbruch bleibt aus, sie verfehlt ihre Millenniumsentwicklungsziele (MDGs) in Afrika insbesondere mit Blick auf diese beiden Bildungsziele:

- bis 2015 sicherzustellen, dass Kinder überall auf der Welt, Jungen und Mädchen gleichermaßen, eine Grundschulbildung abschließen können und
- das Geschlechtergefälle in der Primar- und Sekundarbildung auf allen Bildungsstufen bis 2015 zu beseitigen.

Was sind die Ursachen dafür, dass die Entwicklungsziele vor allem in Afrika südlich der Sahara nicht erreicht wurden? Freilich spielen zu niedrige staatliche Ausgaben eine Rolle, um diese knappe Ursachenanalyse mit der politischen Ebene zu beginnen. Eine Untersuchung zu den Unterschieden bei den Schulergebnissen im englisch- und französischsprachigen Afrika (3) kommt etwa zu dem Schluss, dass die schwächeren Resultate in den frankophonen Ländern nicht nur an einem schwierigeren gesellschaftlichen Umfeld liegen, sondern auch an unzureichenden staatlichen Maßnahmen: Der Großteil nationaler Bildungspolitiken konzentrierte sich auf den besseren Zugang, veranlasste also die Erhöhung der Klassenzahl und Anzahl an Schulen, ohne diese Ausweitung angemessen durch mehr Bildungsausgaben zu stützen. Doch zu niedrige Bildungsausgaben betreffen mehr oder minder fast den ganzen Kontinent.

Selbstverständlich machen nicht zuletzt Kriegs- und Konfliktfolgen die geordnete Teilnahme am Schulunterricht unmöglich. Der letzte UNESCO-Weltbildungsbericht (4) erklärt die krisenhafte Situation der Schule und des Lernens durch unterschiedliche, aber miteinander verwobene Problemfaktoren: Mangelernährung betrifft ein Viertel der Schulkinder; häufig und gerade auf dem Land müssen vor allem Mädchen einen beschwerlichen Schulweg in Kauf nehmen; der Schulbesuch ist faktisch mit Kosten verbunden (falls kein Schulgeld anfällt, entstehen Kosten für Schuluniform und Lernmaterialien), die eine Belastung bedeuten; die Unterrichtsqualität leidet unter der Art der Lehrpläne, an Unterrichtszeiten und Methoden; es fehlt nicht nur an Schulen, sondern an solide ausgebildeten Lehrer(inne)n; Klassengröße, Schichtbetrieb sowie andere ungünstige Arbeitsbedingungen, aber auch die Lehrerausbildung wirken sich nachteilig auf Präsenz und Motivation des Lehrpersonals aus.

Kinderarbeit, HIV, Sprachbarrieren

Neben solchen allgemeinen Problemfaktoren stoßen wir auf landesspezifische Phänomene, die die Bildungskrise prägen. Beispielsweise haben wir es im Tschad unter anderem mit spezifischen Bedingungen zu tun, die die Schulteilnahme sehr schwach ausfallen lassen: 800.000 Kinder im Grundschulalter bleiben hier der Schule fern – weil sie entweder nach nur kurzer Zeit nicht weiter zur Schule gehen, noch nie zur Schule gegangen sind oder vielleicht erst zu spät (und oft zu kurz) gehen, wobei der größte Anteil unter ihnen sehr wahrscheinlich niemals eine Schule von innen sehen wird. Woran liegt das?

Zwar stimmt es immer, dass Kinder aus armen Familien, vor allem auf dem Land, schwieriger Zugang zu Bildung finden. Traditionen und soziokulturelle Verhältnisse schließen insbesondere Mädchen vom Schulunterricht aus. Im Tschad werden jedoch noch immer zwei von drei jungen Mädchen von ihren Familien verheiratet, bevor sie ihr achtzehntes Lebensjahr erreichen. Diese gesellschaftlich tiefsitzende besondere Gepflogenheit und Unsitte, die nur partiell der Armut geschuldet ist, aber viel mit tradierten Geschlechterstereotypen zu tun hat, benachteiligt die weiblichen Heranwachsenden enorm, etwa in Form von gesundheitlichen Schäden aufgrund zu früher und zu vieler Geburten. Von den jung verheirateten Mädchen erwartet man, Kinder zu bekommen, aber nicht, dass sie zur Schule gehen. Die Chance auf ein selbstbestimmtes Leben in Würde eröffnet sich so kaum. Zumindest hat der tschadische Staat im Frühjahr 2015 endlich ein gesetzliches Verbot der Kinderverheiratung beschlossen.

„Bildungsarmut trifft ausgerechnet die Menschen am härtesten, deren Leben ohnehin durch Armut, Gewalt oder Krankheit beeinträchtigt ist.“

Auch Kinderarbeit spielt als Problemfaktor eine Rolle, da sie, erzwungenermaßen, Lernzeit wegnimmt. Im Falle Tschad kann man das Beispiel der „Hirtenjungen" (enfants bouviers) nennen, der von ihren Eltern an fremde Rinderzüchter überlassenen Jungen, die völlig abgeschieden und allein über Monate Rinderherden hüten müssen und nicht zur Schule gehen können.
Ein anderes landesspezifisches Beispiel eines genderrelevanten Faktors stellt etwa HIV/Aids im sambischen Schulwesen dar. Sambias Bevölkerung weist nicht nur insgesamt eine noch immer sehr hohe Infektionsrate mit dem HIV-Virus auf; vielmehr zählen Lehrer(innen) zu einer der am stärksten von AIDS betroffenen Berufsgruppe. (Sie übertreffen die notorische Risikogruppe der Fernfahrer.) Die Krankheit zieht das Schulleben in Mitleidenschaft: Unterricht fällt aus oder Lehrende fehlen ganz. (5)
Sprachunterschiede schließlich wirken sich in jenen Fällen nachteilig aus, in denen etwa innerhalb der Familie alle eine lokale Sprache sprechen, aber niemand die

Schulsprache, meist die primäre offizielle Landessprache, beherrscht. Hier findet sich einer der Gründe für die Leistungsunterschiede zwischen französisch- und englischsprachigen Schulsystemen: Während in frankophonen Ländern lediglich 18 Prozent der Schüler(innen) zu Hause die Unterrichtssprache sprechen, sind es im anglophonen Afrika 76 Prozent.

Projekte und Maßnahmen guter Bildungsarbeit

Als allgemeiner Zielkonsens kristallisiert sich heraus, Verbesserungsanstrengungen verstärkt auf die Lernqualität, aber auch auf das sekundäre Bildungsniveau auszurichten. Hier setzt etwa die Initiative „PISA for Developement" der OECD und anderen Institutionen an, die seit Januar 2015 in Senegal, Sambia und Tansania umgesetzt wird. Denn wenn gelingendes Lernen das Hauptziel von Bildungspolitik ist, ergeben sich neue Herausforderungen für die Fortschrittsmessung. Schließlich lassen sich Einschulungszahlen und Abschlussraten (Kinder/Schuljahr) leichter messen als erworbene Kompetenzen und das Wissen von Lernenden weltweit. Und nicht zuletzt soll außerschulischer Wissenserwerb Bedeutung finden.

Außerdem sollen zahlreiche internationale, vor allem multilaterale Maßnahmen die Bildung in Afrika voranbringen: Neben der „Global Partnership for Education" sind da etwa die Projekte „Schulen für Afrika" oder „100.000 Lehrer für Afrika". Mit Blick auf das Ausmaß der Lernkrise und die Schwäche staatlicher Stellen stellen wir jedoch fest: Die Staaten allein werden es nicht richten können. Und auch die internationale Gemeinschaft kann nicht leisten, was vor Ort zu tun ist. Zivilgesellschaftliche Akteure spielen daher eine kritische Rolle zur Weiterentwicklung von Schule und Lernen in Afrika. Da informellen Lernangeboten angesichts schulischer Schwächen eine wichtige ergänzende Bedeutung zukommt, fördert Misereor im Tschad beispielsweise mehrere Partner im Bereich schulischer und außerschulischer Bildung. Jugendbildungszentren unterstützen an mehreren Orten des Landes Lernerfahrungen und indirekt auch schulische Erfolge – außerdem liefern sie ein Modell, wie gute Bildungsarbeit aussehen kann.

Mit zwei Partnerorganisationen arbeitet Misereor zusammen, um auf unterschiedliche Weise die Schulentwicklung zu fördern. Während es beim katholischen Schulwesen primär um Friedenspädagogik geht, also um Erziehung zu gewaltfreier Konfliktregelung – was für die historisch von Krieg und Konflikt gezeichnete tschadische Gesellschaft ein vitales Thema darstellt –, widmet sich die tschadische NGO „Foi et Joie" (6) der Förderung öffentlicher Schulen in der extrem von Bildungsarmut betroffenen islamisch geprägten Region Guéra im Landeszentrum. Mittlerweile schafft Foi et Joie einen echten Wandel der Schul- und Lernkultur. Die Akzeptanz der Schulen sowie deren Unterrichtsqualität haben sich erheblich verbessert. Manche Schulen in der Region gründeten sich überhaupt erst dank der Unterstützung der NGO. Dabei bleiben sämtliche Schulen der Foi-et-Joie-Schulnetzwerke in öffentlicher oder zunächst kommunaler Trägerschaft. Familien und die ganze Dorfgemeinschaft für die Mitwirkung am Schulleben zu gewinnen ist einer der Erfolgsfaktoren. Eltern bauen nicht nur die Schulen mit auf, sondern kümmern sich um deren Unterhalt wie auch um zusätzliche Einnahmen, beispielsweise durch pädagogisch ebenfalls wertvolle Schulgärten.

„Von den jung verheirateten Mädchen erwartet man, Kinder zu bekommen, aber nicht, dass sie zur Schule gehen."

Langsam, aber deutlich steigern sich in der Pilotregion die Schulerfolge – Einschulungsrate, Verweildauer in der Primarstufe, Alphabetisierung. Das ist nicht nur für den Tschad ermutigend, denn die ursprünglich aus Lateinamerika nach Afrika gekommene Bewegung Foi et Joie fasst auch in anderen Ländern Fuß: Mosambik, DR Kongo, Kenia, Simbabwe, Madagaskar und Südsudan sollen künftig von den im Tschad gewonnenen Lektionen profitieren.

Der Bildungsförderung gebührt Vorrang, weil sie der Schlüssel zur Lösung gleich mehrerer Entwicklungsprobleme ist. Eine schwache Ausgangslage in Hinblick auf Schulerfolge und Unterrichtsqualität, schwache staatliche Institutionen und Bevölkerungswachstum – was, wenn nicht eine Lernoffensive, sollte diesen Herausforderungen wirkungsvoll begegnen?

Anmerkungen

(1) Im jüngsten Fortschrittsbericht zu den Entwicklungszielen „Bildung für alle" belegen die Daten von 2012, dass Afrika Schlusslicht geblieben ist bei den Einschulungen.
UNESCO (2015): EFA Global Monitoring Report. 2015. Education für All 2000–2015. Achievements and Challenges. Paris.

(2) Weltweit beträgt die Rate der Kinder im grundschulpflichtigen Alter (sieben bis 14 Jahre), die der Schule fern bleiben, neun Prozent, das sind etwa 60 Millionen Mädchen und Jungen.
UNESCO Institute for Statistics/UNICEF (2015): Fixing the Broken Promise of Education for All: Findings from the Global Initiative on Out-of-School Children. Montreal.

(3) Confemen (2012): Synthèse des Résultats des Évaluations Diagnostiques du Programme d'Analyse des Systéms Educatifs de la Confemen. Dakar, S. 12. www.confemen.org

(4) UNESCO (2014): Weltbericht Bildung für alle. Lehren und Lernen – Qualität für alle ermöglichen. EFA Monitoring Report 2013/14. www.unesco.de/weltbildungsbericht_2014.html
www.foietjoietschad.org

(5) Lohner, Alexander (2006): Bildung und AIDS. Ein Exkurs zur Bildungsmisere Afrikas. In: Misereor (2006): Misereor Themen. Bildung. Aachen.

(6) www.foietjoietchad.org

Welches Afrika-Vorurteil besteht den Praxistest nicht?

Auf Leben oder Tod richteten sich die Augen Afrikas auf Europa, suggerieren Katastrophenbilder ertrinkender Mittelmeerflüchtlinge. Braindrain bis zum Ende. In Wirklichkeit begegnen wir vor allem Menschen, die ihr eigenes Land und Afrika lieben, weder wegwollen noch den alten Kontinent als Zielort sehen.

Zum Autor

Andreas Kahler, geb. 1968, hat Philosophie und Linguistik studiert und ist in Afrika als Projektleiter und Organisationsberater in der internationalen Zusammenarbeit tätig. Als Projektmanager politischer Stiftungen beschäftigte er sich außerdem mit Bildungspolitik und -praxis.

Kontakt

Andreas Kahler
Misereor
Poste de Dialogue et Partenariat
Av. Mobutu 1131 (Arc-En-Ciel)
N`Djaména, Tchad, B.P. 456
E-Mail misereor@andreaskahler.de

KNACKPUNKTE

Noch ist Afrikas Reichtum an Bodenschätzen, Wasser und fruchtbarem Land mehr Fluch als Segen: Zum Vorteil ausländischer Investoren und korrupter Eliten werden große Flächen fruchtbaren Bodens an internationale Agrarkonzerne verpachtet und riesige Staudämme gebaut. Der Abbau seltener Metalle verschärft vielerorts gewaltsame Konflikte. Die Bevölkerung hofft währendessen häufig vergebens auf Investitionen in Bildung, Gesundheitswesen und Infrastruktur. – Wie erfolgreich sind Initiativen für einen verantwortungsvollen Rohstoffbezug? Hat die Landreform in Simbabwe für Gerechtigkeit gesorgt? Was gilt ein Menschenleben in Nordafrika vier Jahre nach dem Arabischen Frühling?

Menschenrechte in Nordafrika

Ernüchterung macht sich breit

Von Jannis Grimm

Vier Jahre nach dem Arabischen Frühling herrscht in Nordafrika Frust: Die Hoffnungen auf ein gerechteres Leben und das Ende von Korruption und Polizeiwillkür haben sich nicht erfüllt. Außerdem behindern die neuen und alten Regime weiterhin grundlegende Reformen und beschneiden die Meinungsfreiheit.

Zwei Bürgerkriege in Libyen, eine Konterrevolution in Ägypten, eine leidlich stabile Autokratie in Algerien und nur kosmetische Reformbereitschaft im marokkanischen Königshaus – die vorläufige Bilanz des Arabischen Frühlings in Nordafrika liest sich erschreckend. Mit der potenziellen Ausnahme Tunesiens stehen die Aussichten auf einen offeneren und freieren südlichen Mittelmeerraum schlechter denn je. Die Euphorie über den dominoartigen Sturz dreier Diktatoren (erst Ben Ali, dann Mubarak und Gaddafi) ist im fünften Jahr der Umbrüche der Einsicht gewichen, dass die Hoffnung auf eine „vierte Welle der Demokratisierung" (1) weniger analytischem Realismus geschuldet war als vielmehr normativen Vorannahmen über Transformationsprozesse: Gut 13 Jahre ist es her, dass der Demokratieforscher Thomas Carothers in einem für die Regimeforschung wegweisenden Aufsatz die Grundannahme kritisierte, dass Länder, die sich von autokratischer Herrschaft entfernten, implizit als Länder im Übergang zur Demokratie zu verstehen seien. (2)

Nicht nur zeigte die Realität, dass Transformationen oft deutlich weniger linear verlaufen als angenommen; auch das mechanische Abhalten von Wahlen erweist sich per se noch nicht als Schritt in Richtung Demokratie. Nordafrika lieferte hierfür in den vergangenen vier Jahren eindrucksvolle Beispiele: In Marokko machte beispielsweise eine Verfassungsreform den Weg für vorgezogene Parlamentswahlen frei, die im November 2011 mit der islamistischen PJD (Partei für Gerechtigkeit und Entwicklung) sogar die bedeutendste Oppositionspartei in die Regierung brachten. Faktisch wurde der Schritt zu einer echten konstitutionellen Monarchie aber nicht vollzogen, da die Wahlen wenig an der Vormachtstellung des Königs änderten, der nach wie vor de jure wie de facto als unantastbares Oberhaupt über dem Recht steht. Seitdem in der Nachbarschaft politische Gewalt und ökonomische Missstände zunehmen, wird sein Herrschaftsmodell immer seltener infrage gestellt.
Auch in Ägypten belegte der Wahlsieg von Abdel Fatah Al-Sisi, dem Drahtzieher des Militärputsches vom Sommer 2013, die begrenzte Aussagekraft formaldemokratischer Prozeduren. Zwar attestierten EU-Wahlbeobachter(innen) den Präsidentschaftswahlen weitgehende Regelmäßigkeit. Tatsächlich minimierten Repressionen und die Restriktion des Wettbewerbs die Chancen für eine Machtrotation aber bereits im Vorfeld des Wahlakts. Der Feldmarschall gewann folglich mit über 96 Prozent der Stimmen.

Die Rückkehr charismatischer Führerfiguren

Ohne echte Wahlfreiheit verkommen Wahlen zur Farce und zum periodischen Verzicht des Volkes auf seine Souveränität. Diese Einsicht führt dazu, dass sich in ganz Nordafrika vor allem junge Menschen demoralisiert und desillusioniert von der Politik abwenden: Sinkende Wahlbeteiligung und politisches Engagement, Protestmüdigkeit und Indifferenz gegenüber neuen Einschränkungen für politische Partizipation sind die Konsequenz. Insbesondere in der Generation, die 2011 zum Motor der Jasmin- und Tahrir-Revolten wurde, hat sich Frustration über die Ergebnisse der Volksaufstände breitgemacht. Dabei hatten diese anfangs eine regelrechte Explosion der Aktivistenszene und der Parteienlandschaft bewirkt, indem sie den Raum für zivilgesellschaftliche Partizipation in nie dagewesener Weise öffneten. Doch offenbarte sich schnell der Wettbewerbsvorteil der etablierten Parteien und gut organisierter

Vereinigungen des politischen Islam gegenüber den Neugründungen aus dem Kreis der politisch weitgehend unerfahrenen Revolutionsjugend. In den Übergangsinstitutionen waren Letztere kaum noch vertreten.
In Rabat, Tunis und Kairo sah es zunächst so aus, als könnten vor allem die Islamisten, die aus ihrer langjährigen Oppositionsarbeit Kapital schlugen, die Früchte der Revolution ernten. Mittlerweile sind allerdings auch sie mehrheitlich im politischen Prozess marginalisiert. Jüngst ist in der ganzen Region eine Rückkehr charismatischer Führerfiguren zu beobachten, die von einer Welle anti-islamistischer Ressentiments getragen werden: In Tunesien war es das Volk selbst, das aus mehrheitlicher Ablehnung gegenüber der islamistischen Partei Ennahda und aus Sehnsucht nach vorrevolutionärer Stabilität mit Béji Caïd Essebsi einen Weggefährten des geschassten Diktators Ben Ali ins Präsidialamt wählte. In Ägypten ebnete dagegen ein Staatsstreich gegen die Regierung der Muslimbrüder den Weg für Al-Sisis Machtübernahme und eine Restauration des Polizeistaats. Der Aufstieg des libyschen Generals Haftar fügt sich ebenfalls ins Bild. Seit Mitte 2014 führt dieser ausgehend von Bengasi, der Keimzelle der Revolte gegen das Gaddafi-Regime, einen Feldzug gegen islamistische Milizen.

Die Früchte der Revolution

Als Konsequenz aus der Marginalisierung der Aktivist(inn)en blieben auch ihre Forderungen weitgehend unerfüllt. Das zentrale Motiv der Volksaufstände war nicht der Wunsch nach einer neuen staatlichen Ordnung gewesen – weder einem Kalifat noch einer Demokratie. In erster Linie hatten die Protestierenden bessere Lebensbedingungen, stärkere Teilhabe an Wachstum und Entwicklung und ein Ende von Korruption und Polizeiwillkür gefordert. Die Integration sozialer, wirtschaftlicher und politischer Ziele, die sich im grenzübergreifenden Leitspruch „Brot, Freiheit, soziale Gerechtigkeit und Menschenwürde" äußerte, hatte die einzigartige Koalitionsbildung zwischen perspektivlosen Jugendlichen, entrechteter Arbeiterschaft und der urbanen Mittelschicht ermöglicht, die zum Erfolgsrezept der Aufstände wurde. (3)
In keinem dieser drei Bereiche hat sich seitdem Nennenswertes getan: Fast schon ironisch mutet es an, dass die ägyptische Regierung im Zuge ihres Fünfjahresplans ausgerechnet die Subventionen auf Brot- und Raffinerieerzeugnisse reduziert hat.

Denn Subventionskürzungen treffen insbesondere die ärmsten Bevölkerungsteile, die ohnehin in ganz Nordafrika unter drastischen Inflationsraten und gravierender Arbeitslosigkeit leiden. In Ägypten verschärft zudem die Zwangsschließung karitativer Einrichtungen der Muslimbrüder, die seit Jahrzehnten das staatliche Versorgungsvakuum kompensierten, ihre Lebenssituation.

„Der wiedererstarkte ägyptische Polizeistaat agiert heute noch brutaler als zu Zeiten Mubaraks.“

Doch auch in den westlichen Nachbarländern hat sich die soziale Lage verschlechtert. So findet in Libyen fast gar keine Umverteilung mehr statt, da die Öleinnahmen, von denen ein Großteil der Bevölkerung abhängig ist, angesichts konkurrierender Herrschaftsansprüche durch die Zentralbank zurückgehalten werden. Hier bewirkt der Bürgerkrieg zudem eine drastische Verknappung von Grundnahrungsmitteln und medizinischer Basisversorgung. Und auch Tunesien, das im Westen häufig als Erfolgsmodell zitiert wird, kämpft seit der Revolution mit einer wirtschaftlichen Schieflage. Stagnierende Investitionen und der Einbruch des Tourismus infolge gestiegener Sicherheitsrisiken durch Terror und Kriminalität sind Phänomene, die mittlerweile in der ganzen Region spürbar werden.

Nur vereinzelt finden sich Bemühungen, ihre negativen Effekte abzumildern. So zeigt beispielsweise die marokkanische Staatsführung zumindest ein grundlegendes Interesse an sozialer Gerechtigkeit, das sich in nationalen Initiativen zur Armutsreduktion und Förderprogrammen für strukturschwache Regionen niederschlägt. Umverteilungsmaßnahmen verfolgen hier aber vorrangig den Zweck, weiteren Protesten vorzubeugen. Vorbildfunktion hat dabei das benachbarte Algerien, wo die Bouteflika-Regierung seit 2011 eine relativ erfolgreiche Politik der materiellen Rentenverteilung verfolgt, um den sozialen Frieden zu erkaufen. Durch eine Kombination aus

Nahrungsmittelsubventionen, Lohnerhöhungen, Sozialmaßnahmen und selektiven Repressionen konnte Algier bislang eine nennenswerte Mobilisierung gegen das Regime verhindern.

Menschenrechtslage weiterhin verheerend

Wie in ganz Nordafrika stehen allerdings auch in Algerien Patronage und Nepotismus grundlegenden Reformen im Weg. Symptomatisch für die verbreitete Korruption sind die marokkanischen Makhzen, ein informelles Klientelsystem um König Mohammed VI., oder auch das unternehmerische Engagement der ägyptischen Armee, die in der zivilen Wirtschaft des Landes mit den Oligopolen einiger Privatunternehmer konkurriert. (4) Seilschaften zwischen Politik und Wirtschaft, die unter dem Oberbegriff „tiefer Staat" zum Sinnbild für die Reformfeindlichkeit der arabischen Regime wurden, behindern vielerorts auch eine juristische Aufarbeitung von Diktatur und politischer Gewalt. Mit Ausnahme Tunesiens, wo 2013 zumindest die rechtliche Grundlage für Übergangsgerechtigkeit und eine Kommission zur Untersuchung von Menschenrechtsverletzungen geschaffen wurde, kamen Regimefunktionäre dort, wo Machtkämpfe nicht in Bürgerkriegsszenarien eskalierten, größtenteils ungestraft davon. Bis heute wurde in Ägypten beispielsweise niemand für die Tötung von mehr als 800 Menschen während der Proteste im Frühjahr 2011 zur Rechenschaft gezogen. Strafverfahren gegen die damaligen Verantwortlichen (Mubarak und sein Innen- und Premierminister) wurden eingestellt oder endeten in milden Bewährungsstrafen. Auch eine Reform des Sicherheitssektors, der die direkte Verantwortung für die endemische Missachtung grundlegender Menschenrechte trägt, blieb in ganz Nordafrika aus. Folglich ist die Menschenrechtslage weiterhin verheerend und das Recht auf körperliche Unversehrtheit nicht garantiert. Staatsgewalt, Folter auf Polizeistationen, sexuelle Übergriffe, Zensur und Einschüchterungen gegenüber Blogger(inne)n, Journalist(inn)en und Aktivist(inn)en sind nach wie vor weit verbreitet – selbst in Tunesien, wo die Verurteilung des Bloggers Yassine Ayari durch ein Militärtribunal wegen „Verleumdung der Armee" erst kürzlich rechtstaatliche Defizite offenlegte. Überdies haben Autokraten in Nordafrika aus ihren Fehlern gelernt und die Sicherheitskräfte nicht nur materiell aufgerüstet, sondern ihnen auch solide rechtliche Rückendeckung zuteil werden lassen. (5)

> „Letztlich bestehen in Nordafrika im Jahr 2015 die gleichen sozioökonomischen Missstände fort, die vor vier Jahren in revolutionären Massenprotesten mündeten."

„Letztlich bestehen in Nordafrika im Jahr 2015 die gleichen sozioökonomischen Missstände fort, die vor vier Jahren in revolutionären Massenprotesten mündeten."

Besonders der neuen Führung in Kairo gelang es im Schulterschluss mit der politisierten Judikative, einen repressiven rechtlichen Rahmen zu kodifizieren, der die Meinungs- und Versammlungsfreiheit drastisch beschnitt und autoritäres Regieren ohne Notstandsgesetze ermöglichte. Der wiedererstarkte Polizeistaat agiert vor diesem Hintergrund heute noch brutaler als zu Zeiten Mubaraks. Das symbolträchtige Massaker von Rabaa al-Adawiya im August 2013 gegen Unterstützer(innen) der Muslimbruderschaft ist hierfür nur das sichtbarste Beispiel. Seitdem wurden mehr als 2.500 Menschen getötet, die Zahl politischer Gefangener, die häufig vor Militärgerichten landen, wird auf mehr als 40.000 geschätzt. Darunter befinden sich auch zahlreiche Aktivist(inn)en der Tahrir-Revolution, deren Organisationen größtenteils verboten oder zerschlagen wurden.

Potenzial für weitere Revolten

Der Versuch, im fünften Jahr der Umbrüche Bilanz zu ziehen, ist angesichts beträchtlicher nationaler Divergenzen fast zwangsläufig zum Scheitern verurteilt. Festhalten lässt sich aber, dass wir es in Nordafrika nicht mit linearen Transformationsprozessen hin zu Demokratie oder Diktatur zu tun haben, sondern mit vielschichtigen und ergebnisoffenen Entwicklungen, denen das Paradigma der Demokratisierung ebenso wenig gerecht wird wie das leidige Wortspiel mit den Jahreszeiten. Gemeinsam ist den neuen und alten Regimen in der Region, dass sie ihr Versprechen gegenüber den Protestierenden auf ein gerechteres und freieres Leben in Würde bislang nicht eingelöst haben. Letztlich bestehen in Nordafrika im Jahr 2015 die gleichen sozioökonomischen Missstände fort, die vor vier Jahren in revolutionären Massenprotesten mündeten. Ob sich hieraus Potenzial für weitere Revolten ergibt, lässt sich nicht abschließend sagen – überraschend wäre es jedoch kaum.

Anmerkungen

(1) Grimm, Jannis (2011): Mapping Change in the Arab World. Insights from Transition Theory and Middle East Studies. Berlin, S. 21.

(2) Carothers, Thomas: The End of the Transition Paradigm. In: Journal of Democracy 1/2002, S. 5–21.

(3) Harders, Cilja: Revolution I und II. Ägypten zwischen Transformation und Restauration. In: Jünemann, Annette/Zorob, Anja (Hrsg.) (2013): Arabellions. Zur Vielfalt von Protest und Revolte im Nahen Osten und Nordafrika. Wiesbaden, S. 28.

(4) Roll, Stephan (2013): Ägyptens Unternehmerelite nach Mubarak. Machtvoller Akteur zwischen Militär und Muslimbruderschaft. Berlin.

(5) Heydemann, Steven/Leenders, Reinoud: Authoritarian Learning and Counterrevolution. In: Lynch, M. (Hrsg.) (2014): The Arab Uprisings Explained. New Contentious Politics in the Middle East. New York, S. 75–92.

Welches Afrika-Vorurteil besteht den Praxistest nicht?

Das hängt davon ab, welches man mitbringt. Vorurteile waren noch nie ein guter Ausgangspunkt für praktische Arbeit.

Zum Autor

Jannis Grimm, geb. 1988, studierte Politik- und Islamwissenschaft. Er ist Forschungsassistent des Projekts „Elitenwandel und neue soziale Mobilisierung in der arabischen Welt" der Stiftung Wissenschaft und Politik (SWP) Berlin, wo er schwerpunktmäßig zu den Dynamiken von Mobilisierung und Repression in Nordafrika forscht.

Kontakt

Jannis Grimm

Stiftung Wissenschaft und Politik (SWP)

Ludwigkirchplatz 3–4

D-10719 Berlin

E-Mail jannis.grimm@swp-berlin.org

Internationale Investitionen in Westafrika

Die große Jagd nach Land und Wasser

Von Erwin Geuder-Jilg

Ob Mali, Sierra Leone oder Liberia – mit der zunehmenden Verpachtung großer Flächen an Investoren verschlechtern sich die Lebensgrundlagen der Bevölkerung Westafrikas. Die Gewinne bleiben in den Händen meist ausländischer Unternehmen, daneben profitieren traditionelle Autoritäten und Politiker.

Auch nach 50 Jahren Unabhängigkeit von französischer und britischer Herrschaft zählt Westafrika zu den ärmsten Regionen der Welt. Der Welthungerindex 2014 stuft die Situation in allen westafrikanischen Ländern mit Ausnahme Ghanas als ernsthaft oder alarmierend ein. (1) Zusätzlich hat sich 2014 die Ernährungssituation in der Region durch die Ebola-Epidemie drastisch verschlechtert, besonders in Sierra Leone, Liberia und Guinea. Zugleich ist Westafrika seit ein paar Jahren das Ziel internationaler Investoren, die sich dort in den vergangenen Jahren Rechte an beträchtlichen Landflächen und Wasserressourcen gesichert haben. Die meisten Verträge über Landverkauf oder Pacht an internationale Unternehmen in Westafrika wurden in Ghana, Sierra Leone, Nigeria, Liberia, Senegal und Mali abgeschlossen. 2008 vereinbarten beispielsweise die Regierungen Malis und Libyens die kostenlose Verpachtung von 100.000 Hektar des bewässerbaren Landes im malischen Niger-Binnendelta für 50 Jahre und die unbegrenzte Wassernutzung an das Unternehmen Malibya (2), ein Gemeinschaftsunternehmen beider Länder. Die Wasserressourcen

Malis sollen die schrumpfenden Vorräte in Libyen ersetzen, denn mittlerweile wird das Wasser aus tiefen Erdschichten und Grundwasserseen, das Libyen in den vergangenen 50 Jahren für seine Landwirtschaft genutzt hat, knapp. Im Gegenzug baute Libyen bis 2011 das gesamte malische Regierungsviertel neu, es erhielt den Namen Cité Muammar al-Gaddafi. Nach dem Sturz Gaddafis im Jahr 2011 wurde das Projekt vorerst eingestellt, aber seine Fortsetzung ist zu erwarten.
Chinesische Firmen errichteten die Bewässerungskanäle, nutzen einen Teil des Bewässerungslandes für Zuckerrohranbau und besitzen die Rechte am Hybridsaatgut, das dort verwendet werden soll. Die versprochenen Arbeitsplätze für die lokale Bevölkerung wurden nicht geschaffen und die malische Zivilgesellschaft protestierte gegen die Landnahme. Gerade das Niger-Binnendelta, wo das staatliche Office du Niger bisher einjährige Pachtverträge mit Reisbauern und -bäuerinnen abgeschlossen hatte, ist für die Ernährung der malischen Bevölkerung wichtig. Zuletzt wurden dort jährlich auf 60.000 Hektar 500.000 Tonnen Reis erzeugt, das entspricht etwa 60 Prozent des nationalen Verbrauchs. Der Rest des wichtigsten Grundnahrungsmittels des Landes musste importiert werden.

Das Ausmaß

Auch die Küstenländer Liberia und Sierra Leone sind bei Landinvestoren aufgrund ihrer beträchtlichen Wasserressourcen sehr beliebt. Wie das internationale Monitoringprojekt Landmatrix berichtet, ist das kleine Liberia weltweit unter den zehn Ländern, in denen am meisten Land von ausländischen Firmen gekauft oder gepachtet wurde: In Summe sind es 1.340.777 Hektar, das entspricht etwa zwölf Prozent der Fläche Liberias und annähernd der Größe Nordirlands. In Sierra Leone sind laut Landmatrix Verträge mit ausländischen Landinvestoren über 13 Prozent der Landfläche bekannt, das ist mit etwa 1.000.000 Hektar nicht ganz die Fläche Hawaiis. (3) Die Regierung Sierra Leones wirbt für Megaprojekte internationaler Investoren und auch die Regierung von Liberia strebt seit Kriegsende 2003 internationale Investitionen zur Entwicklung von Baumkulturen als Rückgrat der exportorientierten ländlichen Wirtschaft an. Ebenso wie in Mali hat sich auch in Sierra Leone die Zivilgesellschaft zum Thema Landnahme organisiert und den großflächigen Anbau von Zuckerrohr zur Energiegewinnung durch Addax Bioenergy (Tochter eines Schweizer

„Ähnlich wie zuvor die europäischen Kolonialmächte nutzt nun China afrikanische Länder als Rohstofflieferanten für seine wachsende Industrie.“

Unternehmens) und dessen Auswirkungen auf die Umwelt und lokale Bevölkerung beobachtet. Nach der Veröffentlichung der Ergebnisse begann ein Dialog aller Akteure, der zu besseren Konditionen für die betroffenen Bauern und Bäuerinnen geführt hat. Im Nordosten des Landes zeigten sich die Investoren des belgischen Unternehmensverbunds Socfin dagegen nicht dialogbereit und gingen den Weg der Konfrontation. 2011 kam es daher zu Gewalt und gerichtlichen Klagen gegen die Zivilgesellschaft. Demonstrant(inn)en blockierten aus Protest gegen Intransparenz, Korruption und fehlende Konsultation eine Straße und wurden festgenommen.

Die Leidtragenden

Die Beispiele zeigen akute Menschenrechtsverletzungen und eine Verschlechterung der Lebensbedingungen für die Bevölkerung durch die Verpachtung von Land an Investoren. Die Landnahme in Mali bedeutete den Verlust von Acker- und Weideland der bisherigen Pächter(innen) und Viehhalter(innen). Der Export von zukünftigen Getreideernten nach Libyen bedroht die Ernährung im eigenen Land. Nachteile entstehen auch im Unterlauf des Niger, wenn dem Fluss wie geplant jährlich vier Millionen Kubikmeter Wasser entnommen werden.

In Sierra Leone wurde infolge der Landnahme Infrastruktur zerstört und Gewässer wurden zugeschüttet. Damit erschwerte man den Frauen den Zugang zu sauberem Wasser und machte den Männern die Ausübung der Fischerei unmöglich. Versprechen von Arbeitsplätzen für die lokale Bevölkerung wurden nicht eingehalten. Im Osten des Landes berichteten Betroffene von Einschüchterung und Bedrohungen durch Vertreter des Staats und des Investors Socfin. Sie sind frustriert und enttäuscht und leben in Angst vor Verhaftung und Misshandlung durch die Polizei. Aus dem Widerstand gegen verschiedene Großprojekte sind Fälle von Verhaftung und Misshandlung bekannt. (4)

In Liberia musste die lokale Bevölkerung Land an die malaysische Firma Sime Darby abgeben, nachdem die Regierung einen Konzessionsvertrag zugunsten des Unternehmens abgeschlossen hatte. Die Betroffenen erhielten nur geringe Ausgleichszahlungen und verloren den Zugang zu Waldland. Dies führte zu Protesten und Spannungen und anschließenden Neuverhandlungen. In einem anderen Fall zerstörte die Firma Golden Veroleum Felder, Ernten und Friedhöfe und ließ Bäuerinnen und Bauern gewaltsam vertreiben und bedrohen. (5)

Die Nutznießer

In Mali soll das Malibya-Projekt die Versorgung Libyens mit Getreide sichern. Dadurch nehmen die Importabhängigkeit Malis und die Gewinne der Importeure zu. In der Kolonialzeit hatten die Franzosen die Ressourcen Land und Wasser in Mali kontrolliert. Nach 50 Jahren nationaler Souveränität gibt die Regierung die Kontrolle heute teilweise wieder auf. Nutznießer des Vorhabens waren zunächst die chinesischen Firmen, die die Infrastruktur erstellt haben, und werden in Zukunft die Firmen sein, die Getreide aus Mali exportieren.

In Sierra Leone und Liberia kultivieren ausländische Investoren insbesondere Ölpalmen, Kautschuk und Zuckerrohr. Zwar fließt ein Teil der Produktion in die regionale Stromversorgung, ein Großteil aber geht als Agrotreibstoff (Biodiesel, Äthanol) oder als industrieller Rohstoff (Palmöl, Kautschuk) ins Ausland. Die Flächen für die kleinbäuerliche Landwirtschaft wurden ebenso reduziert wie die Einkommensmöglichkeiten und die Ernährungssicherung.

Beide Länder sind seit über 100 Jahren wichtig für die Lieferung von Rohstoffen aus Minen und Plantagen nach Europa und in die USA. Von 1926 an betrieb die Firestone Tire and Rubber Company die weltgrößte Gummiplantage in Sierra Leone. Nach Ende der Bürgerkriege 2003 respektive 2002 konnten die Investoren in Liberia und Sierra Leone an die großen, seit Beginn des 20. Jahrhunderts angelegten Plantagen anknüpfen. Die Praxis der Landnahme wurde unter dem neuen Vorzeichen der wirtschaftlichen Entwicklung im 21. Jahrhundert fortgesetzt.

In Liberia vergab die Regierung zunächst Konzessionen für Ölpalmenpflanzungen in Gebieten, in denen bereits vor dem Bürgerkrieg ausländische Firmen Ölpalmenpflanzungen betrieben hatten. Allerdings betreffen heutige Landkonzessionen weitaus größere Flächen als vor dem Bürgerkrieg, und die Regierung nimmt die Rolle der alleinigen Landbesitzerin ein, die nach Belieben mit ausländischen Investoren Verträge abschließen kann.

In Sierra Leone wirken bei der Landnahme die Intransparenz von Landtransaktionen, die veraltete Gesetzgebung und die persönlichen Interessen der Eliten zusammen. Nicht die Grundbesitzer sind Vertragspartei bei der Verpachtung an Ausländer, sondern die jeweiligen traditionellen Führer, die für die Landeigentümer(innen) verhandeln. Lokale Autoritäten (Chiefs) hatten sich bereits im Bürgerkrieg bereichert und nutzen auch die neuen Landtransaktionen für diesen Zweck.

Das Monitoringprojekt Landmatrix listet 126 Landtransaktionen der vergangenen Jahre in Westafrika auf. Die wichtigsten Investoren kommen aus Großbritannien (17 Transaktionen), USA (13) sowie Italien, Singapur, China und Frankreich (jeweils drei). Heute ist China der wichtigste Handelspartner von Sierra Leone und Liberia, wobei vor allem Erze und Kautschuk exportiert werden. Ähnlich wie zuvor die europäischen Kolonialmächte nutzt nun also China afrikanische Länder als Rohstofflieferanten für seine wachsende Industrie. Europäische Firmen sind noch an fast der Hälfte der Landtransaktionen beteiligt, wobei ihr Interesse auf Agrotreibstoffen liegt, denen durch europäische Richtlinien ein langfristiger Markt gesichert ist.

Eine andere Entwicklung ist notwendig

Die Abwägung von Nutzen und Schaden der Landnahme oder -investitionen in Westafrika zeigt, dass viele lokale Landnutzende den Zugang zu Ressourcen verlieren und nur einige wenige, etwa durch Arbeitsplätze, begünstigt werden. Zwar steigert die exportorientierte Produktion das Wirtschaftswachstum, die Gewinne aber bleiben in den Händen meist ausländischer Investoren, daneben profitieren traditionelle Autoritäten und Politiker(innen). Nur durch ihr Zusammenspiel ist es möglich, der lokalen Bevölkerung Land, Wasser und andere Ressourcen zu nehmen.

Durch die Ebola-Epidemie blieben die Investoren eine Zeitlang weg, aber mittlerweile stehen Westafrikas Land und Wasser wieder ganz in ihrem Fokus. Wie in der Kolonialzeit sind es nicht die Völker Westafrikas, die über ihre Entwicklung bestimmen, sondern die wirtschaftlichen Interessen der Investoren, die für den Weltmarkt produzieren und ihre Entscheidungen an Renditeerwartungen orientieren. Damit fördert Westafrika zwar die asiatische und europäische Wirtschaft, für die Bevölkerung der Länder ist hingegen ein anderer Entwicklungsweg notwendig.

Anmerkungen

(1) IFPRI/Concern Worldwide/Welthungerhilfe (2014): Global Hunger Index. The Challenge of Hidden Hunger. Bonn et al., S. 1–51.

(2) Richards, Michael (2013): Social and Environmental Impacts of Agricultural Large-Scale Land Acquisitions in Africa – With a Focus on West and Central Africa. Washington D.C., S. 1–58.

(3) http://landmatrix.org

(4) Bandowski, Constanze (2013): Zucker statt Brot. Die Produktion von Bioethanol gefährdet die Ernährung der ländlichen Bevölkerung in Sierra Leone. Berlin, S. 1–8.

(5) Buntzel, Rudolf/Topor, Wollor E. (2013): Large Scale Land Acquisitions in Liberia. Case Studies and Some Legal Aspects on the Palm Oil Sector. Berlin, S. 1–63.

Welches Afrika-Vorurteil besteht den Praxistest nicht?

Afrika ist groß und vielfältig. Wer sucht, der findet die sieben Ks – Konflikte, Korruption, Kriminalität, Kapitalflucht, Krankheiten, Katastrophen – und ebenso ihr Gegenteil.

Zum Autor

Erwin Geuder-Jilg, geb. 1954, ist Diplom-Agraringenieur und arbeitet als freier Gutachter zu Landrechten, Konfliktmanagement, natürlichen Ressourcen und ländlicher Entwicklung. Von 2008 bis 2013 beriet er afrikanische Partnerorganisationen von Misereor zum Thema Landrechte und Agrarreform.

Kontakt

Erwin Geuder-Jilg
Am alten Bach 5, D-83246 Hinterwössen
E-Mail geuder.jilg@t-online.de

Staudammbau in Ostafrika

Suche Investoren, biete Wasser

Von Uwe Hoering

Ostafrikas Regierungen planen und realisieren derzeit eine Reihe ehrgeiziger, häufig überdimensionierter Wasserkraftprojekte. Deren Strom kommt vorwiegend Investoren aus Landwirtschaft, Infrastruktur und Bergbau zugute, zugleich heizt der Bau der Staudämme bestehende Konflikte an und geht mit Zwangsumsiedlungen und Umweltschäden einher.

Einerseits ist Wasser in Ostafrika knapp: Das gilt nicht nur für die Versorgung mit sicherem Trinkwasser, sondern auch für weite Bereiche der Region – die Lowlands in Äthiopien, den Norden Ugandas und Kenias, Somalia und große Gebiete im Sudan. Auf der anderen Seite stellt das Hochland von Äthiopien eine Art Wasserturm für große Teile Ostafrikas dar: Reichliche Niederschläge, wenn auch vorwiegend in den kurzen Regenzeiten, speisen zahllose Flüsse, darunter den Nil. Der Victoria-See, ebenfalls eine der Quellen des Nils, und weitere kleinere Seen ermöglichen dort, wo das Wasser hinreicht, blühende Landschaften – etwa im Süden Ugandas, im Südsudan, am Naivasha-See in Kenia mit seinen Blumenfarmen oder in Tansania. Angesichts der Gegensätze von Überfluss und Mangel scheint es logisch, Wasser dahin zu schaffen, wo es fehlt – und gleichzeitig noch Energie zu erzeugen. Wie in ganz Afrika gibt es denn auch in Ostafrika einen Bauboom bei

Staudämmen, darunter einige echte Schwergewichte mit weitreichenden Auswirkungen auf Umwelt, Menschen und die politischen Beziehungen in der Region.
Der High-Grand-Falls-Staudamm, dessen Kosten gegenwärtig mit umgerechnet 1,6 Milliarden US-Dollar veranschlagt werden, ist Teil des Entwicklungskorridors LAPSSET (Lamu Port Southern Sudan-Ethiopia Transport), für den 2012 der Startschuss fiel: Ein neuer Großhafen an der kenianischen Küste bei Lamu, mit dessen Bau trotz heftigen Widerstands der lokalen Bevölkerung bereits begonnen wurde, soll durch Straßen, Eisenbahn und Ölpipeline mit Südsudan und Äthiopien verbunden werden. Geplant ist, den Fluss Tana zu einem riesigen See aufzustauen und Wasser für die neue Lamu Resort City zu liefern, in der eine Ölraffinerie, ein Bahnhof sowie Büros und Wohnungen errichtet werden sollen. Außerdem soll er Strom liefern, Überschwemmungen verhindern und Beschäftigung durch Fischfang und Tourismus schaffen. Das kenianische Wasserministerium erwartet, dass sich dadurch mehr als 80.000 Hektar Land bewässern lassen, was wiederum die Nahrungsmittelproduktion hochtreiben würde. Realisiert wird das Vorhaben unter anderem mit Krediten und Unternehmen aus China. Den 3.000 Familien, die dafür nach offiziellen Angaben umgesiedelt werden sollen, verspricht die Regierung ausreichende Entschädigung für den Verlust von Haus und Land.
Noch mehr Großprojekte sind geplant. So sucht die kenianische Regierung Geldgeber für acht weitere Staudämme, die zusammen 3,8 Milliarden US-Dollar kosten, um 127.557 Hektar Land zusätzlich zu bewässern und die Energie und Wasserversorgung zu verbessern, unter anderem für die unweit von Nairobi gelegene Konza Technology City.

Ein Lehrstück in Sachen Korruption

Geht man weiter nach Uganda, ähnelt das Bild dem Kenias: Die Bujagali Falls östlich von Ugandas Hauptstadt Kampala waren einst eine spektakuläre Kette von Stromschnellen und Wasserfällen an der Stelle, wo der Victoria-See einen der Quellflüsse des Nils speist. Unterstützt und finanziert unter anderem von der Weltbank, der Afrikanischen Entwicklungsbank und deutschen Entwicklungsgeldern wurde hier trotz heftigen Widerstands der Bevölkerung der Bujagali-Damm gebaut. Denn wie alle anderen Länder der Region brauche Uganda mehr Strom, so die Befürworter(in-

nen). Der Preis dafür war allerdings hoch: Die Stromerzeugung ging nicht nur auf Kosten der Wasserfälle, sondern erstickte auch alle Ansätze, den Tourismus in der Region zu entwickeln. Umweltschützer(innen) machen zudem den höheren Wasserabfluss dafür verantwortlich, dass der Wasserspiegel im Victoriasee um mehrere Meter gesunken ist. Vor allem aber war der Bau ein Lehrstück in Sachen Korruption: Die Kosten verdoppelten sich auf 1,3 Milliarden US-Dollar und liegen je Megawatt installierter Kapazität so hoch wie nirgendwo sonst in Afrika.
Mindestens sechs weitere Großvorhaben sind geplant, darunter der Karuma-Damm im Norden des Landes. Nachdem ein norwegisches und ein indisches Unternehmen ihre Angebote zurückgezogen haben, hat jetzt die chinesische Sinohydro den Auftrag, das auf 2,2 Milliarden US-Dollar veranschlagte Vorhaben durchzuführen. Ein Konkurrenzunternehmen, ebenfalls aus China, klagt allerdings dagegen, weil es sich bei der Ausschreibung benachteiligt sieht. Doch ob nun Bujagali oder Karuma – der Strom erreicht die wenigsten Menschen Ugandas, weil der Staat bislang versäumt hat, die notwendigen Stromtrassen zu errichten.

Ein Damm namens GERD

Mit einem ehrgeizigen Entwicklungsprogramm will Äthiopiens Regierung nach eigenen Angaben „Wachstum" und „Transformation" erreichen und wird darin unterstützt von zahlreichen internationalen Geberinstitutionen wie der Weltbank. Dafür wirbt es um ausländische Investoren – mit Land, Energie und Wasser (vgl. S. 65 ff.). Eines der wichtigsten Vorhaben dabei ist der Grand Ethiopian Renaissance Dam (GERD), der den aus dem Hochland kommenden Blauen Nil vor der sudanesischen Grenze stauen wird. Mit 170 Metern Höhe wird er nicht nur einer der höchsten Dämme der Welt sein, mit 1.670 Quadratkilometern wird auch einer der größten Stauseen Afrikas entstehen. Der Verkauf von Strom an die Nachbarländer werde, so die Hoffnungen, Devisen in die Staatskasse bringen.
Die Geldmaschine, wenn sie denn funktioniert, wird erheblichen Einfluss auf den Unterlauf des Nils haben: In der Region Gambella mit geringen, unzuverlässigen Niederschlägen ist der großflächige Ausbau der Bewässerungslandwirtschaft geplant, unter anderem für Reis, der nach Saudi-Arabien exportiert werden soll. Schätzungsweise 20.000 Menschen werden dafür unter anderem im Rahmen eines Dorf-

entwicklungsprogramms umgesiedelt, das trotz zahlreicher Berichte über Zwangsumsiedlungen und staatliche Repression von ausländischen Gebern wie dem britischen Entwicklungsministerium DFID (Department für International Development) und die Weltbank unterstützt wird.

> **„Der Strom erreicht die wenigsten Menschen in Uganda, weil der Staat bislang versäumt hat, die notwendigen Stromtrassen zu errichten."**

Es ist aber nicht nur die Größe, die GERD zu etwas Besonderem macht, sondern auch das wachsende Selbstbewusstsein Äthiopiens. Denn der Bau stellt eine einseitige Aufkündigung des Abkommens aus der Kolonialzeit dar, das die Nutzung des Nilwassers vor allem Sudan und Ägypten zuschreibt – seit Jahrzehnten ein Streitpunkt, da Äthiopien auf die Nutzung seiner Ressourcen pocht. Zahlreiche Gespräche haben bislang keine tragfähige Einigung gebracht.
Angesichts des Konflikts mit Ägypten und Sudan, für die der Nil die Lebensader ist, haben sich internationale Finanziers bislang bedeckt gehalten. Sie scheuen aber auch die wirtschaftlichen Risiken: Ingenieure sind der Auffassung, dass die Anlage mit einer Kapazität von 6.000 Megawatt gemessen an der verfügbaren Wassermenge überdimensioniert ist. Deshalb appelliert die Regierung an den Nationalstolz, damit die Bürger(innen) Äthiopiens Staatsanleihen für die „Wiedergeburt" des Staates in Form von GERD zeichnen – was nicht immer ganz freiwillig geschieht.
Gibe III, 300 Kilometer südwestlich von Addis Abeba, ist bereits der dritte Damm, der den Fluss Omo staut. Die Kosten wurden 2011 auf 2,11 Milliarden US-Dollar veranschlagt, Tendenz steigend. Die Bauführung hat, wie bei GERD, das italienische Unternehmen Salini, für die Finanzierung wurden ebenfalls chinesische Kredite aufgenommen. Der Fluss entspringt im äthiopischen Hochland, fließt südwestlich und mündet in den Lake Turkana in Kenia, einem der größten Salzseen der Welt und

UNESCO-Weltkulturerbe. Mit dem Wasser sollen Plantagen für den Anbau durstiger Pflanzen wie Baumwolle und Zuckerrohr versorgt und Strom erzeugt werden, vor allem für den südlichen Nachbarn Kenia. Inzwischen wurde damit begonnen, den Stausee zu fluten.

Nationale und internationale NGOs beklagen Verstöße gegen Äthiopiens eigene Umwelt- und Vergaberegelungen. Vor allem aber fürchten sie um den Turkana-See und damit um die Lebensgrundlagen für Hunderttausende Kleinbäuerinnen, Hirten und Fischer. Die bestehenden, bereits heftigen Konflikte um Wasser zwischen Hirten und Landwirt(inn)en in dieser fragilen Grenzregion zu Somalia könnten weiter angeheizt werden. Widerstand hat es allerdings schwer: Kenia ist mehr an Strom als an den Lebensbedingungen der lokalen Bevölkerung interessiert und verschließt deshalb vor den Auswirkungen im Nachbarland weitgehend die Augen – während auf äthiopischer Seite Proteste unterdrückt werden.

Milliarden für Megaprojekte, Mikrokredite für Menschen

Wie die Beispiele zeigen, sind die Regierungen in Ostafrika auf der Suche nach Geld, um die ehrgeizigen Vorhaben zu finanzieren. Internationale Kreditgeber wie die Weltbank pochen aber nicht nur auf die Einhaltung einiger, wenn auch relativ niedriger Sozial- und Umweltstandards. Sie sind in vielen Fällen auch skeptisch, etwa der Internationale Währungsfonds IWF, der den Regierungen angesichts der häufigen Dürre in der Region empfiehlt, die Abhängigkeit von der Wasserkraft als potenzielles Zugpferd für Wachstum zu vermeiden. Wenn westliche Geldgeber zögern oder zu hohe Ansprüche stellen, springen oft chinesische Kreditgeber in die Bresche, so auch beim geplanten Merowe-Damm im Sudan, durch den schätzungsweise 50.000 Farmer(innen) vom furchtbaren Land am Nil vertrieben würden, oder beim Tekeze-Damm, einem weiteren Mammutprojekt in Äthiopien. Die Tilgung der Kredite erfolgt zum Teil in Naturalien wie Erdöl, Mineralien und anderen Rohstoffen.

Aber es geht nicht nur um Geld. Die Vorteile werden oft übertrieben, nachteilige Auswirkungen auf Umwelt und Menschen indes häufig unterschätzt oder ignoriert, Ausgleichsmaßnahmen sind unzureichend. So helfen die Vorhaben beispielsweise nicht gegen die Energiearmut, da die lokale Bevölkerung vielfach gar nicht ans Stromnetz angeschlossen ist. Der Nutzen der riesigen Projekte kommt vorwiegend

Investoren in Landwirtschaft, Infrastruktur oder Bergbau zugute. Im August 2013 beispielsweise unterzeichnete die Weltbank ein Abkommen mit Ruanda, Tansania und Burundi für das gemeinsame Rusumo-Wasserkraftprojekt, das vor allem die Bergbauindustrie mit Strom versorgen wird.
Und während auf der einen Seite Milliarden in Megaprojekte fließen, bleiben für die Menschen entweder nur zivilgesellschaftliche oder privatwirtschaftliche Hilfsprogramme. Oder sie sollen selbst bezahlen: Ein Pilotprogramm in Kenia verschafft armen Haushalten Zugang zu Mikrokrediten für den Anschluss ans Wasser- und Abwassernetz, die sie dann mit Zinsen abzahlen. Der Staat ist die finanzielle Verantwortung los, die Versorgungsunternehmen sichern ihre Einnahmen – und die Initiatoren verklären das Ganze noch als gutes Modell für die Umsetzung des Rechts auf Wasser.

Welches Afrika-Vorurteil besteht den Praxistest nicht?

Alle, aber viele Urteile auch nicht.

Zum Autor

Uwe Hoering, geb. 1949, ist Politikwissenschaftler und Journalist. Gegenwärtig liegt der Schwerpunkt seiner Arbeit auf landwirtschaftlicher und ländlicher Entwicklung in Afrika und Asien. Er betreibt den Themendienst www.globe-spotting.de

Kontakt

Dr. Uwe Hoering
Schloßstr. 2, D-53115 Bonn
Fon ++49/(0)228/961 40 01
E-Mail Hoering@globe-spotting.de

Rohstoffreichtum in Zentralafrika

Zündstoff für Konflikte

Von Manuel Wollschläger

In den seltensten Fällen profitiert die gesamte Bevölkerung von den Gold-, Zinn oder Tantalvorkommen eines Landes. Stehen die Abbaugebiete zudem unter dem Einfluss bewaffneter Gruppen, fachen Rohstoffe kriegerische Auseinandersetzungen sogar noch an, seit mehr als einem Jahrzehnt etwa in der Demokratischen Republik Kongo.

In den östlichen Gebieten der Demokratischen Republik Kongo befinden sich beachtliche Vorkommen an Kupfer, Diamanten, Zinn, Wolframit, Gold und Koltan. (1) Die Mineralien werden vor allem in der Elektroindustrie verwendet und verlassen das Land, um in asiatischen Schmelzwerken veredelt zu werden, ehe sie in Komponenten wie Kondensatoren für Computer, Mobiltelefone oder Flugzeuge und Autos verarbeitet werden. Während Kupfer und Gold teilweise industriell in der DR Kongo gefördert werden, baut man die anderen Rohstoffe zumeist informell ab. Ein Großteil der Rohstoffe findet keinen Eingang in die offiziellen Produktionszahlen, die das kongolesische Minenministerium veröffentlicht. Daher ist davon auszugehen, dass 2008 beispielsweise weit mehr als die offiziell erfassten 20.000 Tonnen Zinnerz produziert wurden. Ähnlich verhält es sich mit dem für die Mobilfunkindustrie wichtigen Tantal: Exportzahlen des Nachbarlandes Ruanda stehen im Widerspruch zu den örtlichen Produktionskapazitäten, was einen regen Schmuggel entlang der kongolesischen Grenze vermuten lässt. Durch eine Formalisierung des Abbaus in der Rubaya-Mine, die in der Provinz Nordkivu im Osten der DR Kongo liegt, sind die Produktionszahlen für Koltan, aus dem das Metall Tantal gewonnen wird, sprunghaft von neun auf 129 Tonnen gestiegen.

Der afrikanische Weltkrieg, wie man die zwei Kriege im und um den Kongo zur Jahrtausendwende nennt, hatte verschiedene Motivationen; eine war der Sturz des kongolesischen Diktators Mobutu, für den der Vater des aktuellen Präsidenten, Laurent Kabila, die Unterstützung der Nachbarländer anwarb. Diese hatten wiederum eigene Interessen, etwa die Verfolgung von Rebellengruppen aus ihrer Region auf kongolesischem Boden oder die Sicherung des Zugriffs auf Bodenschätze.

Erst als eine von den Vereinten Nationen eingesetzte Expertengruppe in ihren Berichten über die Überwachung des Waffenembargos in der Region der Großen Seen die anhaltende Alimentierung der Kriegsparteien aus dem boomenden Mineralienhandel dokumentierte, entstand auf internationaler Ebene ein Bewusstsein für den Zusammenhang: Die Rohstoffwirtschaft ernährt den Konflikt.

Politische Übereinkünfte

Im Rahmen der Konferenz der Großen Seen (International Conference on the Great Lakes Region, ICGLR), einer überregionalen Plattform, welche die DR Kongo und die umliegenden Staaten zusammenbringt, wurde 2007 ein Pakt für Sicherheit, Stabilität und Entwicklung geschlossen. Er enthält ein gesondertes Protokoll zur Eindämmung des illegalen Rohstoffhandels. Die Gesellschaft für Internationale Zusammenarbeit (GIZ) berät die in Burundis Hauptstadt Bujumbura tagende Konferenz, um so die Kooperation zwischen den ehemals verfeindeten Ländern wie der DR Kongo und Ruanda zu fördern.

Ebenfalls auf internationaler Ebene kommen unter der Schirmherrschaft der Organisation für wirtschaftliche Kooperation und Entwicklung (OECD), der UN-Expertengruppe und der ICGLR zweimal jährlich Vertreter(innen) der betroffenen Regierungen und der Zivilgesellschaft sowie wirtschaftliche Akteure in einem Forum zusammen. Hier erarbeiteten sie zunächst unverbindliche Richtlinien für die Erfüllung der Sorgfaltspflicht der Unternehmen und erörterten mit allen Stakeholdern, wie sich die Verquickung von Rohstoffhandel und Konflikt in den Griff kriegen lässt.

Ähnlich wie im Kimberley-Prozess für Diamanten wurde in einem partizipativen Dialog ein Zertifizierungssystem für die Konfliktrohstoffe Zinn, Wolframit, Gold und Koltan entwickelt, das den Endverbraucher(inne)n erlauben soll, Rohstoffe im Hinblick auf deren Einwirkung auf den Konflikt zu differenzieren. Um die Herkunft der Mineralien zu klären, gilt es den Handelsweg transparent zu machen. Dabei soll unterschieden werden, ob die identifizierten Abbaugebiete im Einflussgebiet bewaffneter Gruppen liegen.

Die Industrie reagiert

Ein treibender Faktor bei diesem nicht einfachen Unterfangen war die amerikanische Gesetzgebung: Der 2014 in Kraft getretene „Dodd Frank Act 1504" verpflichtet börsennotierte Unternehmen in den USA dazu, Auskunft über die Herkunft von in Endprodukten verarbeiteten Rohstoffen zu geben, um so nachzuweisen, dass die Mineralien nicht, bevor sie den Weltmarkt erreichen, zur Finanzierung anhaltender bewaffneter Konflikte beigetragen haben. Auch wenn sich die Lobby der amerikanischen Industrie weiterhin in Gerichtsverfahren gegen die Regelung sträubt, hat die Industrie reagiert und versucht von sich aus, ihrer Sorgfaltspflicht besser gerecht zu werden. Unternehmen wie Apple, General Electric, Intel und Microsoft beteiligen sich an einer Initiative für konfliktfreie Schmelzwerke – auf dem Niveau der Schmelzwerke besteht letztmalig die Möglichkeit, die Herkunft der Mineralien zu differenzieren.

Ein weiterer wichtiger Aspekt ist die Etikettierung der Rohstoffe im unmittelbaren Umfeld der Minen, welche durch das Itsci-Programm (ITRI Tin Supply Chain Initiative; ITRI ist der weltweite Dachverband der Zinnproduzenten und -schmelzer) vor Ort gewährleistet werden soll. Leider stellte die UN-Expertengruppe in ihrem letzten Bericht von Januar 2015 fest, dass sich bei der Etikettierung vor Ort mogeln lässt und so die eigentliche Herkunft der Rohstoffe trotz des Reglementierungsversuchs vertuscht werden kann.

Die Bundesanstalt für Geowissenschaften und Rohstoffe (BGR) berät die nationalen Minenministerien bei der Umsetzung einer zertifizierten Handelskette auf nationaler Ebene in den abbauenden Ländern. Durch den Aufbau einer Datenbank mit Stichproben aus den verschiedenen Abbaugebieten will die BGR die Herkunft der Mine-

> **„Unabhängig vom Konflikt sind die Arbeits- und Lebensbedingungen in den informell betriebenen Minen menschenunwürdig und bergen wenig Potenzial für die lokale Entwicklung. "**

ralien nachträglich im Labor überprüfbar machen. Neben den militärischen Konflikten bergen auch Umweltzerstörung und unmenschliche Arbeitsbedingungen langfristige Risiken und finden in der Kooperation mit den nationalen Minenministerien Berücksichtigung.

Ein wichtiger Bestandteil der zertifizierten Handelskette ist eine durch Audits erbrachte Differenzierung der Minen selbst im Hinblick auf die Konfliktfreiheit. Das in Belgien ansässige Forschungsinstitut International Peace Information Service (IPIS) leistete hierfür wertvolle Vorarbeit, indem es die Minen kartografiert und die Präsenz bewaffneter Gruppen oder auch der kongolesischen Armee, die nicht selten selbst in den illegalen Handel involviert ist, erforscht hat. Derzeit gilt es, die gesammelten Erfahrungen auf weitere Minen auszudehnen und diese in das Etikettierungsprogramm aufzunehmen. Als schwierig stellt sich jedoch dar, dass die Positionen der Rebellengruppen volatil sind und die Überprüfung der „Konfliktfreiheit" somit periodisch erfolgen müsste.

Hier kommt zivilgesellschaftlichen Organisationen eine wichtige Bedeutung zu. Diese sollen die Aussagen von Regierung und wirtschaftlichen Akteuren kritisch hinterfragen und Unregelmäßigkeiten bei der Zertifizierung melden. Erfolgen soll dies sowohl durch anonymisierte Berichterstattung an die ICGLR als auch in lokalen Gremien, in denen Vertreter(innen) der wirtschaftlichen und zivilgesellschaftlichen Gruppen den Fortschritt der Zertifizierungsambitionen unter dem Vorsitz des Minenministeriums regelmäßig erörtern.

Um ihrer Rolle gerecht zu werden, haben zivilgesellschaftliche Organisationen in der Kivuregion im Osten der DR Kongo eine Koalition ins Leben gerufen, in der sie zusammen mit Nichtregierungsorganisationen (NGOs) der Nachbarländer Uganda,

Ruanda und Burundi den Prozess dokumentieren und seine Umsetzung verfolgen. Hierfür erhielt die Koalition Unterstützung von internationaler Seite: Während die NGO Partnership Africa Canada (PAC), die Stiftung Humanity United und die Public-Private Alliance for Responsible Minerals Trade finanzielle Hilfe gewährten, stehen die GIZ und das vom deutschen Bundesministerium für Zusammenarbeit geförderte Programm „Ziviler Friedensdienst" den Organisationen mit personeller Beratung zur Seite. Dies soll den NGOs in der Region der Großen Seen einerseits ermöglichen, die informellen Schürfer durch die Gründung von Kooperativen besser zu organisieren und sie über den Zertifizierungsprozess zu informieren. Andererseits soll der Prozess durch die unabhängige Begleitung an Glaubwürdigkeit gewinnen. Die Kritik an der Effizienz von Zertifizierungsmechanismen zur Überwindung des Zusammenhangs zwischen Rohstoffwirtschaft und bewaffnetem Konflikt kommt dabei nicht zu kurz. Sahen viele Akteure zu Beginn der Bemühungen um Frieden in der Region noch den informellen Bergbausektor als potenzielles Auffangbecken für die im Anschluss an die Pazifizierung auf den Arbeitsmarkt strömenden entwaffneten Rebellen, stellte sich bei genauerer Betrachtung schnell Ernüchterung ein. Nicht nur die amerikanische NGO Free the Slaves hat in ihren Berichten aufgezeigt, dass unabhängig vom Konflikt die Arbeits- und Lebensbedingungen in den informell betriebenen Minen menschenunwürdig sind und wenig Potenzial für die lokale Entwicklung bergen.

Essenziell: Gute Regierungsführung in den Abbaugebieten

Auch zeigt sich, dass die bewaffneten Gruppen in dem Moment, wo sie vom illegalen Rohstoffhandel ausgeschlossen werden, sehr schnell alternative Einkommensquellen wie den Handel mit Holzkohle, Marihuana oder Elfenbein finden. Ein Boykott der vom militärischen Konflikt betroffenen Abbaugebiete trifft somit vor allem die Schürfer, die ihre Existenzgrundlage verlieren, nicht aber zwingend die Kriegsparteien.

Als technisch schwierig stellt sich im Besonderen die Formalisierung des Goldhandels dar. Aufgrund der kleinen Mengen leichter zu schmuggeln, bereitet beim Gold die direkt vor Ort stattfindende Weiterverarbeitung mit Quecksilber nicht nur ökologische Probleme, sondern auch im Hinblick auf den Herkunftsnachweis. Die auf

Erfahrungen in Lateinamerika aufbauende Initiative für fair gehandeltes und gefördertes Gold der Alliance for Responsible Mining (ARM) setzt daher auf Konzepte, die dem fairen Handel mit Lebensmitteln ähneln. Feste Geschäftsverbindungen und preisliche Vorteile sollen die Akteure in der Handelskette zur Umsetzung internationaler Standards motivieren. Die London Bullion Market Association und das Responsible Jewelry Council haben sich ähnlich wie das World Gold Council auf spezifische Richtlinien für mehr Sorgfaltspflicht beim Goldeinkauf einigen können. Internationale NGOs wie PAC kritisieren jedoch, dass es sich häufig nur um Lippenbekenntnisse handele, solange weiterhin Gold aus Konfliktgebieten den Weltmarkt erreicht, da wichtige Handelshäuser in den arabischen Emiraten die Standards umgehen.
In jedem Fall gilt für alle Mineralien, dass Druck auf Konsumentenseite, der sich in internationaler Reglementierung niederschlägt, nur Früchte trägt, wenn die Formalisierung durch gute Regierungsführung in den Abbaugebieten wirklich umgesetzt wird. Privatwirtschaftliche Pilotprojekte wie Fairphone oder Solutions for Hope zeigen ferner, dass die Wirtschaft auf die Vorgaben durch die Politik reagieren kann, um die unhaltbaren Realitäten vor Ort zu verbessern.
Die von den Mitgliedsstaaten der ICGLR als Instrument zur Bekämpfung des illegalen Rohstoffhandels angestrebte Teilnahme an der Extractive Industries Transparency Initiative (EITI) zielt ferner auf eine Offenlegung von Zahlungen zwischen Wirtschaft und Regierung durch beide Parteien ab. Sie bringt somit durch die regelmäßige Veröffentlichung von Berichten auch unter Beteiligung der Zivilgesellschaft Klarheit in die Zahlungsflüsse zwischen Regierungen und Industrie im Minensektor. Inwiefern der so für die Volkswirtschaften sichtbar gemachte Gewinn sich jedoch in lokaler Entwicklung in den Abbauregionen niederschlägt, ist Sache des budgetpolitischen Prozesses in den betroffenen Ländern. Hier bedarf es einer fortschreitenden Dezentralisierung und Demokratisierung in den rohstofffördernden Ländern.

Auch die EU will mehr Transparenz

Die Förderung einer starken Zivilgesellschaft vor Ort bleibt für einen an den Interessen der Bevölkerung ausgerichteten Reformprozess unabdingbar. Dies nicht zuletzt, weil auch in Friedenszeiten Konfliktpotenzial entsteht, wenn die lokale Bevölkerung dem industriellen Bergbau weichen muss. Zivilgesellschaftliche Organisationen werden nicht müde, Entschädigungen für vertriebene Anrainer(innen) oder nachhaltige Investitionspläne seitens der Industriellen einzufordern. Infolge der Mediation durch lokale NGOs lassen sich Unternehmen dazu bewegen, zur Entwicklung vor Ort beizutragen. Ein hohes Maß an Partizipation der Zivilgesellschaft im politischen Diskurs ermöglicht ferner, dass Fragen der Verteilung oder der Nachhaltigkeit Berücksichtigung in politischen Entscheidungsprozessen finden.

Angeregt durch die anhaltende Aufklärungsarbeit von NGOs in den Ländern der Endverbraucher(innen) will auch die Europäische Union mit einem Regelwerk der Problematik Konfliktrohstoffe begegnen. Die Kommission hat 2014 im Anschluss an Konsultationen mit allen Stakeholdern (auch vor Ort im Kongo) einen Gesetzentwurf für die Abstimmung im Parlament vorgelegt, der bei Weitem weniger restriktiv ist als die amerikanische Variante Dodd Frank. Doch auch das europäische Gesetz will, dass die Handelsketten der vier Mineralien Zinn, Wolframit, Koltan und Gold transparent werden, um eine nachhaltigere Konsumentscheidung zu erlauben. So sollen beispielsweise Anreize in der öffentlichen Beschaffung Unternehmen zu mehr Verantwortung motivieren.

Anmerkung

(1) Eine ausführliche Quellenliste hält der Autor auf Anfrage bereit.

Welches Afrika-Vorurteil besteht den Praxistest nicht?

Die Annahme, viele afrikanische Gesellschaften seien nicht reif für Demokratie, erweist sich zunehmend als fadenscheiniges Argument etablierter Eliten, das die Bevölkerung durch dezidiertes Auftreten widerlegt.

Zum Autor

Manuel Wollschläger, geb. 1972, studierte Wirtschaftswissenschaften und hat in der Entwicklungszusammenarbeit gearbeitet, zuletzt mit dem Zivilen Friedensdienst in der DR Kongo als Berater für Gute Regierungsführung und Demokratisierung. Er publiziert und engagiert sich in der politischen Bildung für zivile Konfliktbearbeitung.

Kontakt

Manuel Wollschläger

E-Mail manuwollschlager@yahoo.fr

Landreform in Simbabwe

Das fatale Recht der Stärkeren

Von Christiane Averbeck

Das von weißen Siedlern in Beschlag genommene Land der schwarzen Bevölkerung zurückzugeben, war das Ziel der Landreform in Simbabwe im Jahr 2000. Sie verlief alles andere als friedlich, und am Ende profitierte nicht die verarmte Landbevölkerung, sondern die politische Elite.

„Verheißene Erde" heißt der Titel des Buchs von US-Autor James Michener über die Besiedlung des südlichen Afrikas in den letzten 35.000 Jahren. (1) Darin beschreibt Michener die Nutzung des Landes über die Jahrtausende durch Jäger und Sammler(innen) wie die Khoisan, durch Ackerbäuerinnen und Viehzüchter wie die Shona und Zulus sowie die Besiedlung durch die Portugiesen, Buren, Hugenotten und Engländer mit ihren unterschiedlichen Landnutzungsformen.

Dabei wird deutlich, dass in der Geschichte des südlichen Afrikas eine spirituelle, rituelle, ja religiöse Komponente der Landnutzung und des Landbesitzes sowie das Leben mit der belebten und unbelebten Natur eine wichtige, wenn nicht die wichtigste Rolle im Reproduktionsprozess spielte. Immer ging es um Konflikte um Land, um ethnische und rassistische Auseinandersetzungen, immer um die Verdrängung von einer Nutzungsform durch eine andere, immer um machtpolitische Fragen.

Die Felsmalereien in Matopos von den Vorfahren der Khoisan im südlichen Simbabwe sind ein beredtes Zeugnis einer jahrtausendealten Kultur des Lebens in und mit

der Natur. Wunderschöne Bilder stellen Rituale, Tiere, Pflanzen, Landschaften und deren Nutzung dar. Die jüngeren Felsbilder zeigen die gewaltsamen Konflikte mit den einwandernden Bantu. Vor 2.000 Jahren breiteten sich die Bantuvölker aus Ostafrika über den Sambesi-Fluss nach Süden aus. Die Khoisan wurden aus ihren Gebieten im heutigen Simbabwe und Südafrika in die Gebiete des heutigen Botswana verdrängt. Dorthin, wo die klimatischen Voraussetzungen für Viehzucht und Ackerbau nicht gegeben waren. (2)
Ausgrabungen um Groß-Simbabwe und Funde beispielsweise in Mapungubwe in Südafrika weisen auf die Existenz von zentralisierten Metropolen mit bis zu 18.000 Einwohner(inne)n im 11. bis 15. Jahrhundert im südlichen Afrika hin (vgl. S. 92 ff.). Ihr Reichtum beruhte auf Rinderzucht, aber auch dem Fernhandel mit Sklav(inn)en, mit Elfenbein, Nashorn sowie Gold, Eisen, Kupfer und Salz. Schon damals mussten die Städte aufgegeben werden, da Überweidung und Brennholzmangel zu Engpässen in der Nahrungsmittel- und Energieversorgung geführt hatten. (3)
Nicht erst die Siedler aus Holland und England beuteten die Bodenschätze des südlichen Afrikas aus. Den Wert hatten die Bewohner(innen) schon viel früher erkannt. Die europäischen Siedler waren zwar schon Ende des 16. Jahrhunderts an den Küsten des südlichen Afrikas gelandet, bis ins Landesinnere waren sie vom Süden kommend aber erst Ende des 19. Jahrhunderts vorgedrungen. So erfolgte die Besiedlung vom heutigen Simbabwe durch die Buren und Engländer erst um 1890.

Landrückgabe als zentraler Motor der Befreiungsbewegungen

Insbesondere die Buren glaubten, das von Gott erwählte Volk zu sein, das sich das Land untertan macht. Sie hatten die biblische Vorstellung, dass sie die erwählten Israeliten seien und die Schwarzen die verfluchten Kanaaiten. (4) Die calvinistische Theologie der Buren, ihr Bezug auf das Alte Testament lieferte die Begründung für den Rassismus, den Zusammenhalt als Volk und die Inbesitznahme des Landes. Die holländischen Vortrekker besiedelten zusammen mit den Engländern unter Cecil Rhodes von Südafrika aus das heutige Simbabwe und Sambia. Sie teilten sich das fruchtbare Land insbesondere um die heutigen Städte Harare, Mutare und Bulawayo herum auf und schürften nach Gold. Die schwarze Bevölkerung wurde vom Land verdrängt und im Sinne der calvinistischen Lehre zu Arbeitssklav(inn)en auf den neu-

en Farmen gemacht. Und das, obwohl es insbesondere durch die englischen Einflüsse seit Mitte des 19. Jahrhunderts Bestrebungen der Abschaffung von Sklaverei und der Gleichbehandlung der schwarzen Bevölkerung gab.
Es ist also wenig verwunderlich, dass es den Befreiungsbewegungen des südlichen Afrikas, der SWAPO (South West Africa People's Organization) im heutigen Namibia, Frelimo (Frente da Libertação de Moçambique) in Mosambik, der ZANU (Zimbabwe African National Union) und ZAPU (Zimbabwe African Peoples Union) im heutigen Simbabwe sowie dem ANC (African National Congress) in Südafrika in den 1960er- bis 1990er-Jahren darum ging, das Land der schwarzen Bevölkerung zurückzugeben, das diese an die Siedler verloren hatte. Das Joch der Sklaverei, des Rassismus, der Apartheid insbesondere in Südwestafrika und Südafrika sollte abgeschüttelt werden. Zur Unabhängigkeit in Simbabwe im Jahr 1980 war es den Briten noch gelungen, mit den Freiheitsbewegungen eine Einigung zu erzielen. Gemäß dem Willing-Seller-Willing-Buyer-Prinzip sollten weiße Großgrundbesitzer Land an schwarze Simbabwer(innen) verkaufen. Die Briten unterstützten das Vorhaben finanziell, um eine friedliche Landreform zu ermöglichen. Tatsächlich änderte sich aber in den ersten 20 Jahren nach der Unabhängigkeit kaum etwas an den Besitzverhältnissen. Oder wie der Menschenrechtler Jean Ziegler es formulierte: „Damals entschieden die imperialistischen Mächte, den autochthonen Klassen, die sie selbst geschaffen hatten, und die sie nach wie vor mit symbolischer Gewalt beherrschten, formell die Macht zu übertragen. [...] Verträge über die gemeinsame Sicherheit garantierten den Fortbestand der Regime, die bei der Unabhängigkeit der Staaten installiert wurden." (5)

Millionen Hektar wechseln den Besitzer

Anfang 1980 besaßen drei Prozent der Bevölkerung, zumeist die Nachfahren weißer Siedler, etwa die Hälfte des fruchtbaren Bodens in Simbabwe, während die Bevölkerungsmehrheit einer Verknappung der bis dahin reichlichen landwirtschaftlichen Nutzflächen zusehen musste. Erst nach 20 Jahren im Amt nutzte Robert Mugabe, der Präsident Simbabwes, die Koalition der weißen, reichen Großgrundbesitzer mit der erstarkenden schwarzen Oppositionsbewegung unter Morgan Tsvangirai als Auslöser für eine beschleunigte, gewalttätige Landreform. In wenigen Monaten besetzten Kriegsveteranen der schwarzen Befreiungsbewegung die Ländereien der weißen

> **„Durch die Landreform hat sich die Situation in Simbabwe dramatisch verändert: Der ehemalige Brotkorb des südlichen Afrikas muss Lebensmittel aus Nachbarländern importieren."**

Landbesitzer. Nach teils kurzen Ultimaten mussten diese ihre Zehntausende Hektar großen Farmen mitsamt der Infrastruktur und den landwirtschaftlichen Geräten zurücklassen. Vereinzelt wurden weiße Landbesitzer, die sich weigerten, sowie deren Landarbeiter, die sich den Kriegsveteranen in den Weg stellten, getötet.

Nach dem Jahr 2000 wechselten in wenigen Jahren Millionen von Hektar landwirtschaftlicher Nutzfläche ihre Besitzer(innen). Meist übernahmen Angehörige der regierenden Partei und führende Militärangehörige, Kriegsveteranen sowie Mugabes Familienangehörige die Farmen. Das Ziel, der verarmten, abhängigen Landbevölkerung eine Möglichkeit zur Unabhängigkeit, zum Überleben und zur Produktion zu geben, gelang nur zum geringen Teil. Genaue Zahlen darüber, wie viele schwarze Kleinbauern und -bäuerinnen Hofstellen erhielten, sind nicht bekannt. Bislang fand kein Landaudit statt, nach wie vor gibt es kaum Landtitel und alle Informationen sind politisch gefärbt.

Insbesondere vor Wahlen stellen die regionalen Behörden immer wieder sogenannte Angebotsschreiben („Offer Letters") aus. Potenzielle Wähler(innen) und Mitglieder der Partei von Mugabe erhalten so die Möglichkeit, ein Stück Land von Wähler(inne)n der Oppositionspartei zu übernehmen. Die in das Land gesteckte Arbeit und die Investitionen sind für die ehemaligen Nutzer(innen) verloren. Weil die Besitzverhältnisse nicht geklärt sind und da sie keine Sicherheiten vorweisen können, erhalten die neuen Landbesitzer(innen) keine Kredite für die Entwicklung ihrer Betriebe. Zudem haben die Neubauern und -bäuerinnen häufig nicht das Wissen, wie sie ihr kleines Fleckchen Erde nachhaltig bestellen können. Und selbst wenn sie es haben, können sie aufgrund des Landmangels nicht einfach weiterziehen, wenn der Boden durch die intensive Nutzung ausgemergelt ist.

Marginale Lebensräume, auf denen sich weder Viehzucht noch Ackerbau betreiben ließen, hatten ihre meist weißen Besitzer(innen) nach großen Trockenperioden in den 1980er- und 1990er-Jahren zu Wildtierfarmen umstrukturiert. Sie hatten erkannt, dass es ökonomisch und ökologisch sinnvoller ist, Wildtiere wie Impalas, Kudus und Büffel aufgrund ihrer besonderen Anpassung an aride oder semiaride Lebensräume zu halten. Diese Tiere sind eher als Kühe und Schafe in der Lage, extreme Trockenperioden zu überstehen.
Nach dem Motto „Use it or loose it" hat sich in den vergangenen Jahrzehnten ein sehr lukrativer Foto- und Jagdtourismus entwickelt, der auch in ariden und semiariden Lebensräumen ein Überleben der Menschen ermöglichte. Im Zuge der Landreform wurden fast alle Wildtierfarmen in weißer Hand konfisziert. Die Wildtierbestände wurden meist stark dezimiert, da die neuen Besitzer den größtmöglichen Profit in der unsicheren Situation erwirtschaften wollten. Eine nachhaltige Nutzung stand nicht im Vordergrund. So wurden beispielsweise 45 weiße und schwarze Nashörner einer Wildtierfarm von den neuen Landbesitzern, den Militärs, getötet und vermutlich an Interessenten aus Asien verkauft (vgl. S. 38 ff.).

Naturzerstörung, Entwurzelung, Verarmung

Durch die Landreform hat sich die Situation in Simbabwe dramatisch verändert. Der ehemalige Brotkorb des südlichen Afrikas muss Lebensmittel aus Nachbarländern importieren, nicht nur das Welternährungsprogramm und die Welthungerhilfe unterstützen Simbabwe mit Lebensmitteln. Aufgrund der Energiearmut – nur ein Fünftel der Landbevölkerung ist an das zentrale Stromnetz angeschlossen – wird Feuerholz zum Kochen und Heizen geschlagen (vgl. S. 98 ff.). So verschwinden insbesondere um die Städte herum die Wälder. Der gewerbliche Anbau von Tabak ist für viele neuen Kleinbauern und -bäuerinnen die einzige lukrative, sogar vom Staat unterstützte Einkommensquelle. Zum Trocknen des Tabaks wird Holz geschlagen und verfeuert. Für Aufforstungsprogramme steht nur wenig staatliches Geld zur Verfügung, und eine nachhaltige Nutzung ist aufgrund der verzweifelten Situation der Menschen offenbar kaum möglich.
Simbabwe ist ein modernes Land, es verfügt über Gesetze und Richtlinien, über Behörden und Fachleute, die sich mit dem Schutz der Umwelt und Natur beschäftigen.

Umweltverträglichkeitsprüfungen sind vorgesehen, bevor größere Bauvorhaben umgesetzt oder neue Minen erschlossen werden können. Es fehlen jedoch der politische Wille und die Umsetzung der Rechtstaatlichkeit. Nur so war es möglich, ein gigantisches Einkaufszentrum in ein zu schützendes Feuchtgebiet zu bauen und Kohleminen in Nationalparks zu erschließen.
Um sich von der Energieversorgung von außen unabhängiger zu machen, griff Simbabwe nach 2000 die Idee der Herstellung von Biokraftstoffen durch Zuckerrohr auf. Internationale Konzerne bekamen Land vom Staat zugeteilt (vgl. S. 71 ff.). Zehntausende Menschen mussten dem Anbau Platz machen. Bislang wird kaum Biokraftstoff genutzt, die erwarteten positiven Ergebnisse blieben aus. Momentan stehen die Naturzerstörung, die Entwurzelung und Verarmung der umgesiedelten Menschen im Fokus der Diskussion um die Biokraftstoffe.
Die Nutzung des Landes unterliegt dem Primat der kurzfristigen Profitmaximierung in Zeiten politischer und ökonomischer Unsicherheit. Natur- und Umweltschutz, das Leben mit und in der Natur, die rituellen, spirituellen und religiösen Verbindungen der Menschen weichen den Interessen nationaler Politiker(innen) und Unternehmer, aber auch internationaler Konzerne. Die herrschende Klasse schöpft das ab, „was man als ‚staatlichen Mehrwert' bezeichnet. [...] Sie kümmert sich wenig um die Akkumulation im Land", analysiert Jean Ziegler. (6)
Selbst das Campfire-Konzept (Community Areas Management Programme for Indigenous Resources) funktioniert nur bedingt. Das in den 1990er-Jahren in Simbabwe entwickelte Programm sieht vor, der lokalen Bevölkerung zu helfen, nachhaltig und in organisierter Form die natürlichen Ressourcen der Allmende zu nutzen. Korruption und politische Ränkespiele verhindern allerdings die geplante nachhaltige Nutzung.

Der Druck wächst auch in den Nachbarländern

Sicherlich ist und war eine Landreform in Simbabwe eine Frage der Gerechtigkeit und der Menschenrechte. Es reicht aber nicht aus, dass man die eine „verheißene Erde" besitzt oder nutzen darf. Man muss wissen, wie man das Land nachhaltig bestellen kann, muss Zugang zu zusätzlichen finanziellen Ressourcen haben, der rechtliche Rahmen für die Landnutzung muss gegeben und die Umsetzung der Rechtstaatlichkeit gewährleistet sein. Und dann ist es auch noch erforderlich, mit neuen Herausforderungen wie dem Klimawandel umzugehen zu lernen, denn nachweislich nehmen Trockenperioden und Überflutungen im südlichen Afrika zu.

Die Khoisan vor vielen Tausend Jahren glaubten, dass Gott ihnen das Land zur Nutzung gegeben hatte. Die Buren waren überzeugt, der biblische Gott habe ihnen dieses Recht zugeschrieben. Ähnliches gilt für die Oligarchen des unabhängigen Simbabwes seit 1980. Sie sind der Ansicht, dass der gewonnene Befreiungskampf ihnen allein das Recht gibt, über das Land frei zu verfügen. Dies muss unweigerlich zu gewalttätigen Konflikten führen in einem Land, in dem Menschen mit unterschiedlichen ethnischen und politischen Hintergründen leben wollen. Darüber hinaus bleibt abzuwarten, wie sich die Nachbarländer von Simbabwe, in denen die Parteien der Befreiungsbewegungen die Regierungen stellen, mit den Erwartungen der eigenen Bevölkerung an die „verheißene Erde" umgehen werden. Denn wie in Simbabwe wächst auch hier der Druck.

Anmerkungen

(1) Michener, James (1981): Verheißene Erde. München.
(2) Garlake, Peter (1995): The Prehistoric Art of Zimbabwe. Seattle.
(3) Nuding, Markus (1999): Naturressourcennutzung in Zimbabwe. Berlin.
(4) Kügler, Joachim (2006): Prekäre Zeitgenossenschaft. Mit dem Alten Testament in Konflikten der Zeit. Internationales Bibel-Symposium Graz 2004. Münster.
(5) Ziegler, Jean (2015): Ändere die Welt. München, S. 186.
(6) Ziegler, Jean a.a.O., S. 189.

Welches Afrika-Vorurteil besteht den Praxistest nicht?

Afrika ist überall.

Zur Autorin

Christiane Averbeck, geb. 1961, ist promovierte Biologin. Sie ist Geschäftsführerin der Klima-Allianz Deutschland, einem breiten gesellschaftlichen Bündnis, das sich dem Klimaschutz verschrieben hat.

Kontakt

Dr. Christiane Averbeck
Klima-Allianz Deutschland
Schwedenstr. 15a
D-13357 Berlin
E-Mail christiane.averbeck@klima-allianz.de

LICHTBLICKE

Inspiriert von den Massenaufständen in Burkina Faso und im Senegal versuchen immer mehr Menschen, sich gegen die Regime korrupter Potentaten zu wehren und politische Entscheidungen stärker zu beeinflussen. In der Republik Kongo etwa hat der Druck der Zivilgesellschaft dazu geführt, dass die Regierung transparenter mit ihren Erdöleinnahmen umgeht. – Warum ist die Demokratisierung essenziell für bessere Lebensbedingungen? Helfen die Erneuerbaren, die Energiearmut in Afrika zu bekämpfen? Wie können sich die Städte zu Zentren sozialer Gerechtigkeit und ökologischer Nachhaltigkeit entwickeln?

Stadtentwicklungen

Bruchlinien der schnellen Urbanisierung

Von Klaus Teschner

Bereits heute lebt fast die Hälfte der afrikanischen Bevölkerung in der Stadt. Dort wachsen nicht nur die Konsumbedürfnisse der Eliten und der aufstrebenden Mittelklasse, sondern auch die ständig vom Abriss bedrohten Armensiedlungen. Entscheidend wird sein, dafür zu sorgen, dass sich die Städte Afrikas hin zu mehr sozialer Gerechtigkeit und Nachhaltigkeit entwickeln.

Gängige Bilder von Afrika zeigen Savannen, Regenwälder, wilde Tiere und – was die Menschen betrifft – ein ländliches Leben in Stammestradition. Städte gehören eher nicht zu diesem Bilderkanon, und wenn, dann mit dramatischen Aufnahmen riesiger Slums. Die Perspektive eines sich verstädternden Afrikas stimmt daher zunächst bedenklich, und viele können sich wohl nur schwer vorstellen, dass dort bald urbane Gesellschaften überwiegen werden. Wer weiß schon, dass Afrika eine städtische Tradition besitzt, die weit in die Geschichte zurückreicht, nicht nur in Ägypten und im islamischen Norden, auch am Horn von Afrika, in Westafrika, im Gebiet der Yoruba im Südwesten Nigerias oder in Simbabwe? Für den die Kolonisierung legitimierenden Rassismus, der diese städtischen Kulturleistungen ignorierte, war Afrika eben nur von einfältigen Wilden oder archaischen Kleinbauern und -bäuerinnen bevölkert.

Seit dem 19. Jahrhundert waren Städte südlich der Sahara meistens neu geschaffene Vorposten der Kolonialmächte. Sie waren, zumindest in ihrem Kern, den weißen Herren vorbehalten, je nach Region auch noch indischen oder arabischen Minderheiten. Die schwarzen Ureinwohner(innen) dagegen wurden oft pauschal als ländlich eingestuft, etwa bei Volkszählungen im kolonialen Ostafrika, und hatten in den Städten eigentlich nichts zu suchen.

Die Kolonisierten begannen alsbald die Städte der weißen Herrschaft zu belagern, sie hartnäckig einzukreisen und sich um sie herum anzusiedeln, wie dies der antikoloniale Theoretiker Frantz Fanon plastisch beschrieb. (1) Auch mit der politischen, jedoch keineswegs wirtschaftlichen Unabhängigkeit nach 1960 blieb die starke sozialräumliche Trennung bestehen. Einst den Weißen vorbehaltene Wohnviertel wurden jetzt von den neuen afrikanischen Eliten okkupiert. Ringsum boten mit Holz, Lehm und Wellblech errichtete Armenviertel Raum für die vom Land Zuwandernden, die auch Restflächen in der Stadt bis hin zu Sumpfgebieten oder Arealen neben den Bahngleisen besiedelten.

Rasche Verstädterung – ein Problem?

Im Jahr 2014 lebten bereits vier von zehn Afrikaner(inne)n in der Stadt, etwa 455 Millionen der insgesamt 1,13 Milliarden Menschen des Kontinents. Seit Langem schon wachsen die Städte überall in Afrika bedingt durch Zuwanderung aus ländlichen Gebieten viel schneller als die Gesamtbevölkerung. (2) Die Land-Stadt-Wanderung wird von wirtschaftlichen Boomzeiten angeheizt und verlangsamt sich in Krisen. Sie wird verstärkt durch Bürgerkriege, bei denen Städte Schutz bieten. Für die Entscheidung zur Migration sind auch kulturelle Motive sehr wichtig, etwa die für junge Leute oft unerträgliche Einengung durch traditionelle Autoritäten auf dem Land. Hauptsächlich wachsen die Städte aus sich heraus, durch in der Stadt Neugeborene, Städter(innen) zweiter, dritter und vierter Generation. Dabei nimmt die Kinderzahl pro Familie hier viel schneller ab als auf dem Land, was in Zukunft entscheidend dafür sein könnte, den Bevölkerungszuwachs eines dann mehrheitlich städtischen Afrikas in Schach zu halten.

In etwa 15 Jahren könnten bereits in Stadt und Land gleich viele Afrikaner(innen) leben, je etwa 750 Millionen. Bereits 2040 werden den Prognosen der Vereinten

Nationen folgend auch alle Regionen südlich der Sahara mehrheitlich urban sein, mit dann weit über einer Milliarde Stadtbewohner(inne)n in Afrika, mehr als in Europa und Nordamerika zusammen leben. (3)
Eliten und Regierungen Afrikas sehen diese rasche Verstädterung oft als Problem. Viele Regierungen realisierten deshalb in den vergangenen Jahren Programme, um Leute in die Dörfer zurückzubringen oder die Abwanderung in die Stadt zu bremsen. Dies war jedoch fast nie erfolgreich, im Gegenteil: Die Abwanderung verstärkte sich oft, je mehr für ländliche Räume getan wurde. Unterhalb eines eher hohen Grads von Wohlstand trägt „Entwicklung", wie wir heute wissen, meist mehr zur Migration bei, als sie zu verhindern. Die Migration einzudämmen - soweit dies überhaupt durchsetzbar ist - könnte zuweilen kontraproduktiv sein, da Abwanderung teils ja zur Entlastung überbevölkerter ländlicher Zonen beiträgt. Ist es sinnvoll, hochmotivierte, kreative Jugendliche zu überreden, in ländlichen Traditionen zu verbleiben, in denen sie sich eingeengt fühlen? Wissen wir, was für sie besser wäre? Sind die „entwurzelten", „überflüssigen" Leute, die „nicht gerufenen" Arbeitskräfte in den Städten wirklich ein Problem oder nicht vielmehr ein willkommenes Reservoir an billiger Arbeitskraft, das die Wirtschaft dynamisiert und den städtischen Mittelklassen ihren komfortablen Lebensstil ermöglicht?

Highway und Lehmstraße

Gemeinsam ist den Städten Afrikas, dass ihr koloniales Gerüst überformt wurde von informellen Siedlungen für die Bevölkerungsmehrheit und einer investorengelenkten Entwicklung für die Eliten und aufstrebenden Mittelklassen, die teils auch von sozialen Bauprogrammen profitierten. Die ebenso aus der Kolonialzeit geerbten staatlichen Strukturen tragen heute kaum etwas zur Steuerung dieser Prozesse im Sinne ökologischer Belange oder eines sozialen Ausgleichs bei und beschränken sich meist auf den Straßenbau, die Ausweisung von Bauflächen, den gelegentlichen Abriss informeller Siedlungen sowie auf ihre Funktion als Ordnungsmacht, zum Beispiel bei der Kontrolle des Straßenhandels.
Heutige afrikanische Städte vereinen zwei komplett unterschiedliche Realitäten. Hier die moderne Stadt mit intensivem Autoverkehr, Highways, Hochhäusern und ausgedehnten Villengegenden - den Bedarf der Eliten und der aufstrebenden Mittel-

klasse bedienend. Sie ist stark fragmentiert, mit weiten unbebauten Flächen, Zeichen einer entfesselten Bodenspekulation. Mit ihrer unökologisch flächenintensiven Entwicklung ist sie klar ausgerichtet auf individuellen Pkw-Verkehr, obwohl die Mehrheit der am Verkehr Teilnehmenden zu Fuß unterwegs ist oder überfüllte Kleinbusse nutzen muss. Die andere Seite der Stadt ist von informellen Baustrukturen geprägt, mit unverkennbar ländlichen Vorbildern. Diese Stadt der Lehmstraßen und sanitären Defizite ist dicht bewohnt, mit eng gepackten Hütten, in denen sich meist mehr als die Hälfte der ganzen Stadtbevölkerung drängt. Oft müssen die Bewohner(innen) für die Hütten Miete zahlen, teils auch an wohlhabende Slumlords. Aus der Not geboren finden sich hier baulich „entmaterialisierte" Nutzungen: Für eine Autowerkstatt etwa braucht es nicht mehr als einen plakativ bemalten Reifen und ein offenes Feld am Straßenrand. Ein Orchester kommt notfalls ohne Konzerthalle aus, es reicht ein Hof mit Plastikstühlen.

„Ist es sinnvoll, hochmotivierte, kreative Jugendliche zu überreden, in ländlichen Traditionen zu verbleiben, in denen sie sich eingeengt fühlen?"

Die wachsende Kluft zwischen dem gehobenen Lebensstandard von Eliten und Mittelklasse und den Niedriglöhnen der Mehrheit erzeugt soziale und ökonomische Widersprüche, die zuletzt oft durch Strukturanpassungsmaßnahmen verstärkt wurden. Der Billigwohnraum in informellen Siedlungen, für Menschen mit untersten Einkommen alternativlos, ist ständig von Umwandlung oder Abriss bedroht. Niedrigste Einkommen des Gros der Beschäftigten ermöglichen billige (Zulieferer-)Dienste, begrenzen aber die lokale Nachfrage und damit die Dynamik der lokalen Ökonomien. Eng mit der formellen Wirtschaft verknüpfte informelle Aktivitäten beflügeln die Steuerflucht von Eliten sowie Unternehmen, was die Handlungsfähigkeit staatlicher und kommunaler Verwaltungen begrenzt. Kommunen mit schlecht qua-

> **„Für eine Autowerkstatt braucht es nicht mehr als einen plakativ bemalten Reifen und ein offenes Feld am Straßenrand.“**

lifizierten Angestellten und fehlenden Budgets sind von Zentralregierung, Investoren, Berater(inne)n und internationalen Projektgeldern abhängig. All dies bremst die Kommunalentwicklung und verhindert demokratische Partizipation.
Die Lebensrealität der Bevölkerungsmehrheit wird in städtischen Entwicklungsplänen meist negiert; häufig sind in Stadtplänen ihre Siedlungen nicht einmal abgebildet. Oft wird zwar von „armengerechter Entwicklung" und „partizipativer Einbindung der Bevölkerung" geredet. Anspruch und Realität klaffen hier jedoch extrem auseinander. Verbesserungsprogramme für die Armensiedlungen werden oft allein durch die Logik des spekulativen Bodenmarkts konterkariert, der dann schnell für eine Verdrängung der bislang hier Lebenden sorgt. Vertreibungen und die stets aufs Neue behördlich angeordnete Zerstörung von Armensiedlungen machen Errungenschaften lokaler Entwicklung sowie unter großen Anstrengungen erworbene Werte kompensationslos zunichte.

Zukünftige Städte unbekannten Musters

Bereits 2006 erklärte der damalige UN-Generalsekretär Kofi Annan, der Kampf für das Erreichen der Millenniumsentwicklungsziele werde in den Städten Afrikas entschieden. Auch bei den Sustainable Development Goals (SDGs) und der Reduktion von Treibhausgasen könnten die wachsenden Städte Afrikas eine zentrale Rolle spielen. Eine Änderung städtischer Entwicklungsparadigmen hin zu mehr Gerechtigkeit und Nachhaltigkeit ist jedoch bislang kaum in Sicht. Voraussetzung dafür wären handlungsfähige Kommunalverwaltungen und eine gestärkte Zivilgesellschaft, die eine Verringerung der sozialen Disparitäten durchsetzen könnten, außerdem die Vermeidung von Verkehr und Landverbrauch durch kompaktere Siedlungsmodelle, soziale Bauprogramme zur Verwirklichung des Rechts auf Wohnen sowie die Entwicklung und Nutzung angemessener Technologien für Verkehr, Infrastruktur und Bauwesen.

Die selbstbewusster werdenden afrikanischen Gesellschaften werden, so ist zu hoffen, eigene Wege beschreiten, um zukünftige Städte zu formen, die sich von heutigen und vielleicht auch von allen uns bekannten Mustern unterscheiden. Dies wird auch die ländlichen Gebiete Afrikas grundlegend verändern, nicht als nur Nahrungsmittelquelle für den verstädterten Kontinent, sondern auch als wichtige ökologische Schutzzonen, als Erholungsraum sowie als Habitat für eine von der Menschheit dann womöglich nicht länger bedrohten Tierwelt (vgl. 38 ff.).

Anmerkungen

(1) Fanon, Frantz (1961): Les Damnés de la Terre. Paris.

(2) Zuletzt wuchs die städtische Bevölkerung Afrikas um jährlich 3,4 Prozent, die Gesamtbevölkerung um etwa 2,5 Prozent.
Alle Daten nach: Population Reference Bureau (2014): 2014 World Population Data Sheet. Washington D.C.

(3) UN Population Division (2009): World Urbanisation Prospects. The 2009 Revision – Urban/Rural Division of Countries and Regions for the Year 2010. Washington D.C.

Welches Afrika-Vorurteil besteht den Praxistest nicht?

Wir werden uns erst daran gewöhnen müssen: Afrika als städtischer Kontinent, von dem die neuen kulturellen und technischen Trends kommen!

Zum Autor

Klaus Teschner, geb. 1953, ist Architekt und Stadtforscher sowie Mitherausgeber der Fachzeitschrift „Trialog". Er publizierte zu Megastädten, informellen Siedlungen und städtischen Sozialbewegungen in Afrika und Lateinamerika. Seit 2002 ist er Fachreferent für Städtische Entwicklung bei Misereor.

Kontakt

Klaus Teschner
Schleiermacherstr. 10, D-10961 Berlin
E-Mail teschner@habitants.de

Energieversorgung

Der Weg aus der Armutsfalle

Von Robert Fischer

Gerade im ländlichen Afrika ist Energiearmut für viele Menschen eher die Regel als die Ausnahme. Dabei gelten ausreichend Strom und Wärme nicht nur als Schlüssel für wirtschaftliche Entwicklung, sondern auch für ein funktionierendes Gesundheits- und Bildungswesen und damit für mehr Lebensqualität und Wohlstand.

Viele Länder Afrikas haben die wirtschaftliche Aufholjagd aufgenommen. Dem Ausbruch der Ebola-Epedemie und islamistisch motivierten Terroraktivitäten zum Trotz wächst die Wirtschaft der Länder südlich der Sahara jährlich über fünf Prozent – vor und nach der Finanzkrise 2008. Davon kann Europa nur träumen. Gleichzeitig wird Afrika bis zum Ende des Jahrhunderts bis zu vier Milliarden Menschen Heimat bieten. (1) Damit verknüpft sind nicht nur unendliche Möglichkeiten für den Kontinent, sondern auch riesige Herausforderungen für seine Regierungen und die Weltgemeinschaft: Es gilt die Nahrungs- und Wasserversorgung sicherzustellen und die notwendige Aufholjagd in der wirtschaftlichen Entwicklung durch eine adäquate und nachhaltige Energieversorgung zu gewährleisten. (2)

Ein funktionierendes Energiesystem ist essenziell für alle Wirtschaftssektoren und unabdingbare Basis für Verbesserungen im Bildungs- und Gesundheitswesen. Die Realität in vielen Ländern Afrikas sieht allerdings so aus: Schmutzige Kohlekraftwerke, lärmende und stinkende Benzin- und Dieselgeneratoren sowie problematische gigantische Wasserkraftwerke versorgen Industrie und exportorientierten Bergbau sowie Stadtgebiete mit Strom – aber nur einen Bruchteil der restlichen Bevölkerung. Ein Leben ohne Strom ist für uns in Deutschland unvorstellbar, doch für 70 Prozent der Menschen in den Ländern südlich der Sahara bittere Realität. (3)

Kernfragen der Versorgung

In der internationalen Debatte gehen die Definitionen für den universellen Zugang zu modernen Energiedienstleistungen auseinander; einig ist man sich aber über einen minimalen Zugang aller Haushalte zu Elektrizität sowie sicheren und nachhaltigen Brennstoffen zum Kochen und Heizen samt den dazugehörigen effizienten und raucharmen Öfen. Ein modernes Energiesystem muss auch produktive wirtschaftliche Aktivitäten und öffentliche Dienstleistungen wie Gesundheitseinrichtungen, Schulen und Straßenbeleuchtung ermöglichen.

Von Energiearmut lässt sich sprechen, wenn sich Grundbedürfnisse wie Kochen und Heizen nicht befriedigen lassen und die Teilnahme an Gesundheitsversorgung, Bildung und Kultur nicht für alle gewährleistet werden kann. Ganze Gemeinden sind in der Armutsfalle der Schinderei und Subsistenzwirtschaft gefangen, wenn sie keinen Zugang zu sauberer, ausreichender und erschwinglicher Energie haben.

Diese Definition, die zugleich Zielvorgabe der UN-Initiative „Sustainable Energy for All" bis zum Jahre 2030 ist, führt zu folgenden Kernfragen: Welche angemessenen Lösungen für eine nachhaltige Energieversorgung berücksichtigen sowohl die Anforderungen an den steigenden Energiebedarf – ländlich und entlegen, kleine Gemeinden, städtisch oder industriell – als auch die zugänglichen natürlichen, humanen und finanziellen Ressourcen?

Die Planung eines Energiesystems muss auch Fragen und Herausforderungen des Technologietransfers, der Nachhaltigkeit, der Umweltverträglichkeit und des Klimaschutzes sowie Möglichkeiten der gemeinschaftlichen Finanzierung, Nutzung und Instandhaltung berücksichtigen und darauf abzielen, möglichst viele nachhaltige lokale Arbeitsplätze zu schaffen.

Können Erneuerbare all diese Anforderungen – besser – erfüllen als nicht erneuerbare Energietechniken? Der Entwicklungshilfe wird manchmal vorgeworfen, Abhängigkeiten zu vertiefen – wirken Erneuerbare dem Vorwurf eines Energie-Kolonialismus entgegen oder bergen auch sie dieses Risiko? Fest steht zumindest: Energiedienstleistungen wie ausreichende Beleuchtung, gekochte Mahlzeiten und Heißwasser, gekühlte Lebensmittel, sauberes Wasser, ein geheiztes Heim, Information und Kommunikation sind wichtiger als die Energiequelle.

Energie für Haushalte

Die Stromversorgung vom Netz oder von einem Solarsystem ist qualitativ gut, sauber und sicher. In der Anwendung ist Strom auch billiger als Kerosin, Kerzen oder Paraffinlampen und spart Zeit und Plagerei des Feuerholzsammelns. Kinder verbringen mehr Zeit mit Lesen und Lernen, eine gute Beleuchtung im und rund ums Haus vermittelt das Gefühl von Geborgenheit und Sicherheit. Eine Minimalversorgung mit Strom sollte auch das Aufladen von Mobiltelefonen ermöglichen. Der nächste Schritt wäre, Elektrizität für die Kühlung von Lebensmitteln, TV, Radio und Computer bereitzustellen. Solarlampen und sogenannte Solar Home Systems, die netzunabhängig als kleine Einheiten betrieben werden können, sorgen für Licht und unterstützen meist auch das Laden des Mobiltelefons. Mehr Strom – auch in den Nachtstunden – können batteriegestützte größere Solar-, Wind- und Wasserkraftanlagen in Kombination und über ein Netz liefern. Dieselgeneratoren können in einem Hybridsystem zur gewünschten Versorgungssicherheit beitragen.
Hygiene und Heizung erfordern eine kostengünstige Wärmequelle. Die Mehrheit der afrikanischen Haushalte kocht oder heizt mit Holz, Holzkohle, Kohle oder Dung. Fast immer sind es die Frauen und Mädchen, die die kraft- und zeitraubende Bürde des Holzsammelns und des Kochens tragen und Hitze sowie gesundheitsgefährdenden Rauchgasen ausgesetzt sind. Glücklicherweise nimmt die Verbreitung von verbesserten Kochöfen durch gezielte Programme der Entwicklungszusammenarbeit stetig zu. Ein guter Ofen erlaubt auch produktive Aktivitäten, die oft zum Haushaltseinkommen beitragen, wie das Zubereiten von Tierfutter, Speisen oder Getränken für den Verkauf. Projekte, welche die nicht-nachhaltige Erzeugung von Holzkohle durch Programme zur verbesserten Waldbewirtschaftung, Nutzung von Abfallprodukten aus der Landwirtschaft und Produktion von Pellets oder Briketts ersetzen, sind notwendige Maßnahmen, um der Entwaldung entgegenzuwirken.

Energie ist auch für das Wirtschaftsleben entscheidend: So können die Beleuchtung in einem Laden, der Betrieb von Bewässerungsanlagen, die Maschinen in Tischlereien, Metallwerkstätten oder Bürodienstleistungen den Unterschied zwischen einem ausreichenden Einkommen und dem Gerade-so-Überleben ausmachen. Es sind vor allem solche produktiven Aktivitäten, bei denen Energie letztendlich den Unterschied zwischen Armut und einem besseren Leben markiert. Die Erhöhung der Produktivität in allen Produktions- und Verarbeitungsschritten in der Land- und Forstwirtschaft durch einen verbesserten Energiezugang trägt nicht nur zur Einkommenssicherung bei, sondern hilft auch die Nahrungsmittel- und Energieversorgung der schnell wachsenden Bevölkerung abzusichern.

„Die Stromautobahnen führen an den ländlichen Gebieten vorbei und liefern billige subventionierte Energie an Weltkonzerne.“

Für produktive Aktivitäten notwendig sind bessere Techniken, die menschliche und tierische Energie effektiver nutzen und die Produktivität in Land- und Forstwirtschaft erhöhen, in Kombination mit elektrischer, mechanischer Energie und nachhaltigen Wärmequellen, beispielsweise für Großküchen. Auch hier können wieder lokale Hybridsysteme, nun in größerem Stil und abhängig von den lokalen Gegebenheiten, zu angemessenen Lösungen führen. Sonne, Wind, Wasserkraft, Dieselgeneratoren und moderne Biomasse-Umwandlungstechnologien wie Biogas, Biodiesel, Pellets, Briketts, kleinere und mittlere Holzvergasungsanlagen, die Strom, Wärme und Kälte liefern, lassen sich in einem Energiesystem verbinden, das durch signifikante Beiträge von lokaler Arbeitskraft und Brennstoffen aus Abfallprodukten von Forst- und Landwirtschaft eine hohe lokale Wertschöpfung generiert.

Von Energie-Kolonialismus lässt sich sprechen, wenn gewählte Energiesysteme nicht auf lokale Gegebenheiten und Anforderungen Rücksicht nehmen. Große Wasser-

und Kohlekraftwerke und auch die angedachten Atomkraftwerke in Südafrika, Nigeria und einigen anderen afrikanischen Ländern liefern Strom in erster Linie an den Bergbau und die exportorientierten Industrien, welche vor allem die geschürften Mineralien weiterverarbeiten und ausführen. Oft werden solche Projekte hochsubventioniert – unter dem Vorwand, die Energieversorgung für die Armen sicherzustellen. In der Realität führen die Stromautobahnen an den ländlichen Gemeinden vorbei und liefern billige subventionierte Energie an Weltkonzerne, die ihre Gewinne an den internationalen Börsen abliefern und nur minimal zur Armutsreduktion beitragen, da sie oft nur Dumpinglöhne bezahlen und die Arbeitsbedingungen zum Himmel schreien. Solche von der Weltbank und auch von der KfW finanzierten Kraftwerke erfüllen dann auch meist nicht einmal die lokalen Umweltstandards oder sie erhalten Ausnahmegenehmigungen wie die in Bau befindlichen Kohlekraftwerke Medupi und Kusile in Südafrika.

„Erneuerbare Energien in Afrika schaffen und sichern derzeit noch vor allem Arbeitsplätze in den Herstellerländern.“

Große Solar- und Windanlagen, wie sie derzeit in Südafrika angeregt durch das nationale Erneuerbare-Energie-Programm umgesetzt werden, haben ähnliche Nachteile. Obwohl dezentral und über das Land verteilt, tragen große Anlagen kaum zu einer besseren Stromversorgung der ländlichen Bevölkerung bei. Während der Bauzeiten entstehen zwar Arbeitsplätze, aber der Betrieb von solchen Anlagen braucht kaum Personal. Das Regierungsprogramm schreibt eine lokale Wertschöpfung von bis zu 60 Prozent vor, in der Praxis wird das aber noch lange nicht erreicht, und die Hauptkomponenten der Anlagen kommen nach wie vor aus anderen Ländern. Erneuerbare Energien in Afrika schaffen und sichern damit derzeit noch vor allem Arbeitsplätze in den Herstellerländern.

Es soll hier nicht der Eindruck entstehen, dass Großkraftwerke – erneuerbar oder nicht –, die Strom ins nationale Netz einspeisen und eine Industrialisierung ermöglichen, nicht notwendig wären. Aber oft genug werden Menschen- und Arbeitsrechte sowie die Einhaltung minimaler Umweltstandards im Bergbau, in den Industrien, beim Kraftwerksbau und im Betrieb ignoriert. Die breite Bevölkerung bleibt meist in der Armutsfalle stecken, da sogenannte Trickle-Down-Effekte ausbleiben und eine breite Energieversorgung nicht fördern.

Biomasse dominiert Sonne und Wind

Auf Übertragungs- und Verteilnetze entfallen hohe Kostenanteile eines Energiesystems. Da große Bevölkerungsanteile in Afrika weit entfernt von Stromnetzen leben, kann ein ergänzendes energiepolitisches Rahmenwerk, das sich an dezentraler Versorgung, produktiver Nutzung und verbesserten Gemeinschaftsdienstleistungen orientiert, die Bevölkerung schneller aus der Energiearmut führen.
Die heute zur Verfügung stehenden Technologien gewährleisten eine angemessene Energieversorgung fern von einem nationalen Netz. Fast ein Drittel der afrikanischen Bevölkerung lebt in Gegenden, in denen der Bau von Kleinwasserkraftanlagen möglich ist. Bis auf ganz wenige, sehr regenreiche Landesteile ist Afrika aber viel reicher an „solaren Ressourcen" als die meisten europäischen Länder; gutes Windpotenzial weisen die nördlichen und südlichen Küstenbereiche auf, das Horn Afrikas, aber auch das Landesinnere und vor allem das südliche Afrika und die Sahara. Doch anstelle von Sonne und Wind ist es die Biomasse, die heute 60 bis 85 Prozent der Energiebedürfnisse in Sub-Sahara-Afrika deckt – 600 Millionen Kubikmeter Holzbrennstoffe werden jährlich auf nicht-nachhaltige Weise produziert und sehr ineffizient genutzt. Unter der Voraussetzung, dass Biomasse nachhaltig erzeugt wird, sich die Produktivität in Land- und Forstwirtschaft erhöht und moderne Umwandlungstechnologien von Biomasse effizienteren Einsatz finden, kann Biomasse eine wichtige Rolle in der Energieversorgung behalten. (4)
Um die lokale Wertschöpfung und Arbeitsplätze im Energiesystem maximal auszubauen, müssen Länder und Regionen zusammenarbeiten, vor allem, um Menschen adäquat in neuen Technologien auszubilden und ein Marktpotenzial zu erreichen, das den Aufbau von Produktionsanlagen für Kernkomponenten für Solar-, Wind-,

Wasser- und Biomassetechnologien sinnvoll macht. Die oben skizzierten Lösungsansätze gepaart mit gezielten Subventionen durch die internationale Gemeinschaft und innovativen Finanzierungslösungen, um die notwendigen Investitionen in Ausbildung, Herstellung von Anlagenkomponenten, aber auch in der Installierung von dezentralen Energiesystemen gewährleisten zu können, bilden zusammen eine echte Chance, um eine breite Bevölkerungsschicht durch den Zugang zu sauberer und erschwinglicher Energie aus der Armutsfalle zu befreien.

Anmerkungen

(1) Gerland, Patrick: World Population Stabilization Unlikely this Century. In: Sciencemag 346/2014, S. 234–237.

(2) Angaben in diesem Artikel für Länder südlich der Sahara nehmen Südafrika aus. Allgemeine Indikatoren beziehen sich immer auf:
Worldbank: Africa Development Indicators. http://data.worldbank.org/data-catalog/africa-development-indicators

(3) International Energy Agency (2014): Africa Energy Outlook. A Focus on Energy Prospects in Sub-Saharan Africa. World Energy Outlook Special Report.

(4) JRC/European Commission (2011): Renewable Energies in Africa. Current Knowledge. Practical Action (2014): Poor People´s Energy Outlook 2014. Key Messages on Energy for Poverty Alleviation. Rugby.

Welches Afrika-Vorurteil besteht den Praxistest nicht?

Kein Vorurteil, sondern meine Erfahrung: Wenn Afrikaner zu spät kommen, haben sie immer einen triftigen Grund. Wenn Europäer zu spät kommen, haben sie eine Ausrede.

Zum Autor

Robert Fischer, geb. 1966, ist Elektroingenieur und Projektentwickler an der Swedish Bioenergy Association; außerdem lehrt und erforscht er erneuerbare Energien an der Universität Bergen. Davor hat er als Energieexperte für das „Ugandan Cleaner Production Centre" und die südafrikanische NGO „Project 90 by 2030" gearbeitet.

Kontakt

Robert Fischer
E-Mail frobert@gmx.net

Die neue Rohstoffpolitik der Republik Kongo

„Heute können wir über Erdöl reden, ohne um unser Leben fürchten zu müssen"

Auch nach dem Ende des Bürgerkriegs in der Republik Kongo ist Erdöl die wichtigste Ressource des Landes. Brice Mackosso, Koordinator der Kommission für Recht und Frieden der zentralafrikanischen Bischofskonferenz, engagiert sich dafür, dass die Einnahmen aus der Ölförderung in die Entwicklung des Landes fließen. Ein Gespräch über Korruption und Transparenz, über die Folgen des drastisch eingebrochenen Ölpreises und die Klimaschutzforderung, fossile Ressourcen im Boden zu lassen.

Sie sind in der Republik Kongo aufgewachsen, einem zentralafrikanischen Land etwa so groß wie die Bundesrepublik Deutschland, mit nur vier Millionen Einwohnern. Ein Großteil des Landes ist von wertvollem Tropenwald bewachsen. Seit 50 Jahren ist der Kongo ein wichtiges Ölförderland. Man sollte meinen, für seine Einwohner fließen Milch und Honig?

Dem ist bekanntlich nicht so, denn leider ist auch die Republik Kongo von der sogenannten „Holländischen Krankheit" betroffen. (1) Die tägliche Produktion von 265.000 Fass Rohöl hat allein 2013 zu Staatseinnahmen von 5,1 Milliarden US-Dollar geführt. Trotzdem schafft es das Land nicht, auch nur die Basisversorgung seiner Bürger und Bürgerinnen mit Trinkwasser und Strom sicherzustellen. Dabei ist dies eine Grundvoraussetzung für jede Entwicklung.

Warum hat sich der immense Reichtum für die Bevölkerung der Republik Kongo nicht in einer Entwicklungsdividende ausgezahlt?

Grundsätzlich trifft die schlechte Regierungsführung die Hauptschuld. Die erheblichen Erdöleinnahmen haben eine Mentalität der Rentenökonomie (2) gefördert. Die verschiedenen Regierungen der Republik Kongo beschränkten sich darauf, Staatsausgaben durch Kredite auf zu erwartende Öleinnahmen über private Geldhäuser zu finanzieren. Der Ölpreisverfall der 1980er-Jahre, der auf den zweiten Ölpreisschock von 1979 folgte, hat zu einer dramatischen Explosion der Staatschulden geführt. Das vom französischen Erdölkonzern Elf Aquitaine etablierte System, das kongolesischen Regierungsführern aus den Erdöleinnahmen des Konzerns umfassende Zahlungen zukommen ließ, hat ebenfalls zum Ruin des Landes beigetragen. So wurden bis 2003 die Einnahmen aus dem Erdöl in Offshore-Bankkonten eingezahlt, was eine parlamentarische Kontrolle unmöglich machte. Die internen politischen Machtkämpfe und die Einmischung der Firma Elf in die innerkongolesische Politik hatte dann 1997 den Ausbruch des grausamen, bis 2000 währenden Bürgerkriegs zur Folge.

Sie setzen sich für Transparenz bei den Staatseinnahmen und gegen Korruption ein. Warum und mit welchen Konsequenzen?

Wir haben erkannt, dass den politischen Konflikten der Kampf um die Macht im Staat über die Kontrolle der Reichtümer des Landes zugrunde lag. Dass dieser Bürgerkrieg durch die Erdöleinnahmen finanziert wurde, hat uns davon überzeugt, uns dafür einzusetzen, dass das Erdöl nicht länger als Treibstoff für den Tod wirkt, sondern zu einem Treibstoff für das Wohlergehen der Bevölkerung wird. So haben wir uns dann auch entschieden, darauf hinzuarbeiten, dass in der Republik Kongo mehr Transparenz hinsichtlich der Höhe der Erdöleinnahmen und deren sinnvoller Verwendung im Sinne der Entwicklung des Landes und zum Segen seiner Bewohner entsteht. Es war anfangs keine einfache Arbeit, und 2006 wurde ich mit meinem Kollegen Christian Mounzeo aus der Publish-What-You-Pay-Kampagne verhaftet und eingesperrt. Zum Glück haben unsere Partner in den USA und in Europa sofort reagiert und Druck auf unsere Regierung ausgeübt. Dies hat uns sehr geholfen. Trotzdem war es mir in der Folge polizeilich untersagt, das Stadtgebiet von Pointe Noire zu verlassen.

Welche Fortschritte sehen Sie heute?

Wir sehen viele Veränderungen. Die erste und vielleicht wichtigste Veränderung ist, dass wir heute über das Erdöl in der Republik Kongo reden können, ohne um unser Leben fürchten zu müssen. Die kongolesische Regierung ist der Initiative zur Transparenz in der rohstoffgewinnenden Industrie EITI beigetreten und veröffentlicht regelmäßig die staatlichen Einnahmen aus der Ölförderung und aus dem Bergbau. Dank dieser Berichte wissen wir, dass die Regierung 2013 hier 2,5 Milliarden Dollar für Kosten des Staatsapparats verwendet und weitere 2,2 Milliarden an Krediten für große Infrastrukturprojekte zurückgezahlt hat, die von China realisiert wurden. Dank des Drucks der Zivilgesellschaft steht unsere Regierung nun kurz davor, im Parlament ein Gesetz zur steuerlichen Verantwortung zu erlassen. Dieses Gesetz wird sich weitgehend an das amerikanische Transparenzgesetz, den sogenannten „Dodd Frank Act 1504" anlehnen, der die rohstoffgewinnende Industrie zwingt, ihre im Gegenzug für die Förderrechte getätigten Zahlungen offen zu legen. Es wird staatlicherseits auch die Pflicht zur Budgettransparenz vorschreiben (vgl. S.77 ff.).

Die katholische Kirche im Kongo und die Publish-What-You-Pay-Initiative haben auch Aktionen gestartet, um die staatlichen Ausgaben im Bildungs- und im Gesundheitssektor zu analysieren. Die Veröffentlichung der Ergebnisse ist in unserem Land auf großes Interesse gestoßen. Die Initiativen wurden von unserer Regierung und unseren Parlamentariern positiv aufgenommen, und wir sind überzeugt, dass solche zivilgesellschaftlichen Initiativen die Regierung zwingen werden, verantwortlicher zu handeln.

Wir erleben gerade einen drastischen Einbruch des Ölpreises. Was bedeutet dies für Ihr Land? Ist es sinnvoll, seine Entwicklungspläne langfristig von einer fossilen Ressource abhängig zu machen? Angesichts des Klimawandels gewinnt ja auch die Diskussion über die Besteuerung des CO_2-Ausstoßes fossiler Ressourcen an Fahrt, und es wird überlegt, das Erdöl weitgehend im Boden zu belassen.

Der starke Einbruch des Ölpreises in den vergangenen Monaten ist für Öl-Exportländer wie das unsere dramatisch. Zumal dieser Preiseinbruch ja völlig unerwartet gekommen ist. Unsere Regierung hat ihre Budgetplanung auf der Annahme des Preises von 70 Dollar pro Fass Rohöl gemacht. Da der Preiseinbruch anhält, wird die Regierung gezwungen sein, ihre Schätzungen deutlich nach unten zu korrigieren.

Was die globale Diskussion über saubere Energiequellen und eine Abkehr von der Nutzung und Förderung von Rohöl angeht, sehen wir unsere Hoffnungen auf Entwicklung gefährdet. Bisher sind wir in der Republik Kongo weitgehend abhängig vom Export von Rohöl. Wenn es dem Kongo in fast 50 Jahren der Erdölförderung noch nicht gelungen ist, die Basis für die Entwicklung des Landes zu legen - wie viel mehr Jahre werden wir noch brauchen, um uns auf den Ausstieg aus der Ölförderung vorzubereiten? Für uns ist die Hypothese, das Erdöl nicht zu fördern, nicht nur undenkbar, es wäre auch selbstmörderisch für uns, eine solche Vision voranzutreiben.

Das Interview führte Vincent Neussl, Länderreferent für Afrika bei Misereor

Anmerkungen

(1) Unter der „Holländischen Krankheit" leidet ein Land, das Rohstoffe oder Güter in so großem Umfang exportiert, dass die darauffolgende Aufwertung der Währung den übrigen exportierenden Industrien starke Absatzprobleme bereitet.

(2) In der Rentenökonomie kommen Akteure zu Wohlstand, indem sie die Situation leicht zu verpachtender natürlicher Ressourcen ausnutzen. Zum Schaden der Allgemeinheit entsteht so nur ein von diesen Einnahmen getragener Konsum, nicht aber produktiver Wohlstand aller.

Zur Person

Brice Mackosso, geb. 1969, koordiniert die Kommission für Recht und Frieden der zentralafrikanischen Bischofskonferenz. Er engagierte sich im Friedens- und Wiederaufbauprozess nach den Bürgerkonflikten im Kongo, u.a. in der von ihm mitbegründeten „Publish What You Pay"-Kampagne.

Kontakt

Brice Mackosso

E-Mail bricemackosso@yahoo.fr

Tendenzen der Demokratisierung

Bis der Eisberg schmilzt

Von Eve Rodot

Der Massenaufstand in Burkina Faso im Herbst 2014 hat auch die Zivilgesellschaften anderer Länder dazu inspiriert, mehr Rechtsstaatlichkeit zu fordern. Denn sie wissen: Demokratie ist eine wesentliche Voraussetzung für bessere Verhältnisse, nicht nur in puncto Gesundheit, Bildung und Umweltschutz.

2015 und 2016 sollen in Afrika 27 Präsidentschaftswahlen stattfinden, das betrifft die Hälfte aller Länder des Kontinents. Derzeit ist Afrika von zahlreichen Diktaturen und Scheindemokratien geprägt. (1) Da der Kontinent unter vielen Schwierigkeiten leidet, sind manche versucht, diesem Thema mit Fatalismus zu begegnen. Manche versteigen sich auch zur Einschätzung, Afrikaner(innen) seien von Natur aus nicht für die Demokratie geschaffen. Diese Ansicht lässt jedoch außer Acht, dass sich die Afrikaner(innen) nicht aus freien Stücken für die Diktatur entschieden haben und sich viele in ihrem jeweiligen Land dafür einsetzen, ihre Bürgerrechte voll ausüben zu können. Für das Recht auf Demokratie wird sehr hart gekämpft, zumal wir uns seit Oktober 2014 in einer Phase befinden, in der einiges auf dem Spiel steht: Die Revolution in Burkina Faso im Herbst vergangenen Jahres ist ein umfassender und lehrreicher Beweis dafür, dass Diktatur in Afrika kein unabwendbares Schicksal ist. Am 31. Oktober 2014 ist Blaise Compaoré als Präsident Burkina Fasos zurückgetreten, nach 27 Jahren an der Macht. Er war 1987 nach einem Putsch gegen den Prä-

sidenten und Antiimperialisten Thomas Sankara Staatsoberhaupt geworden. 2014 legte er sein Amt schließlich aufgrund des Drucks von der Straße nieder, wo die Bevölkerung gegen die von ihm geplante Verfassungsänderung zur Aufhebung der Begrenzung der Amtszeiten eines Präsidenten protestiert hatte.
Daraufhin ergriff das Militär die Macht und verpflichtete sich, sie schnell wieder an Zivilpersonen abzutreten. Michel Kafando, lange Zeit UN-Botschafter des Landes, wurde am 17. November 2014 zum Übergangspräsidenten bestimmt und auch mit auswärtigen Angelegenheiten betraut. Das Militär ist mit vier Mitgliedern in der Übergangsregierung vertreten. Trotz der schwachen provisorischen politischen Institutionen ist derzeit ein relatives Gleichgewicht zu beobachten. Um der politischen Machtausübung einen Rahmen zu geben, haben Institutionen der Zivilgesellschaft und der Opposition eine Übergangscharta erarbeitet.
Die nächsten Präsidentschafts- und Parlamentswahlen in Burkina Faso finden am 11. Oktober 2015 statt. Das lässt der Übergangsregierung nicht viel Zeit (und Geld!), die Ziele, die sie sich gesetzt hat, zu erreichen: eine fast vollständige Neugestaltung des politischen Betriebs des Landes, das Abhalten wirklich demokratischer Wahlen (2) sowie die Wiedereröffnung heikler Dossiers (insbesondere über die Morde an dem Journalisten Norbert Zongo und Thomas Sankara) – und dies alles vor dem Hintergrund der hohen Erwartungen seitens der Bevölkerung.

Die Mittel der Mobilisierung

Zu den zivilen Führern der Rebellion in Burkina Faso gehört der „Balai Citoyen" („Bürgerbesen"), eine von den beiden Rappern Smockey und Sams'k le Jah im Sommer 2013 gegründete Volksbewegung. Bereits damals stand Blaise Compaoré im Verdacht, die Verfassung ändern zu wollen, um bei den nächsten Präsidentschaftswahlen wieder antreten zu können. Der Balai Citoyen machte gegen ein Referendum mobil, welches das Regime als Beweis für einen demokratischen Prozess abhalten wollte, um ein eindeutig nichtdemokratisches Vorhaben durchzubringen. Inspiriert von der senegalesischen Bewegung „Y'en a marre" („Wir haben's satt"), der es 2012 gelungen war, eine dritte Amtszeit von Präsident Abdoulaye Wade zu verhindern, verfolgte die unparteiische Bewegung in Burkina Faso einen gewaltfreien Ansatz. Dem Balai Citoyen war nicht daran gelegen, an die Macht zu kommen, sondern die

> „Die Machthaber des übrigen Kontinents haben die Ereignisse in Burkina Faso aufmerksam verfolgt. Einigen war sie eine Lehre.“

Gesellschaft, insbesondere die Jugend, zu sensibilisieren und sie zu ermutigen, die politische Entscheidungsfindung stärker zu beeinflussen. Die Mobilisierungsmittel des Balai Citoyen hatten einen großen Anteil an seinem Erfolg. Um sich nicht nur auf die intellektuelle und politische Elite zu beschränken, benutzten die Aktivist(in-n)en wie ihre senegalesischen Freunde Instrumente, die es ihnen ermöglichten, ein breites Publikum zu erreichen. Indem sie in Konzertmeetings Musik und starke politische Botschaften miteinander verbanden, gelang es ihnen beispielsweise, ganze Stadien zu füllen. Außerdem leisteten sie gewissenhafte Feldarbeit und erläuterten Menschen auf Märkten oder in Bussen auf einfache Art und Weise die politischen Probleme und ihre bürgerlichen Rechte in diesem Zusammenhang. Den Rücktritt Blaise Compaorés erreicht zu haben war ihr erster Sieg. Die Mobilisierung scheint weiterhin stark genug zu sein, um einen reibungslosen Ablauf des im November 2014 angestoßenen Übergangs in die Demokratie sicherzustellen. Die Zivilgesellschaft spielt dabei regelrecht die Rolle einer Opposition und fordert von ihren politischen Führern ein einwandfreies Verhalten.

Burkina Faso – das Tunesien Schwarzafrikas?

Die Machthaber des übrigen Kontinents haben die Ereignisse in Burkina Faso aufmerksam verfolgt. Einigen war sie eine Lehre, beispielsweise Yayi Boni, dem Präsidenten von Benin, der seit 2006 an der Macht ist. Er verzichtete letztendlich auf den Gesetzentwurf zu einer Änderung der Verfassung zu seinen Gunsten. In Äquatorialguinea allerdings verbot Präsident Theodoro Obiang Nguema den staatlichen Medien, die Revolution in Burkina Faso auch nur zu erwähnen. In einigen Ländern kontrolliert das herrschende Regime mit eiserner Hand sowohl das Militär als auch die Legislative und die Justiz, wie beispielsweise in Togo, Gabun, in der Republik Kongo, in Kamerun und im Tschad, um nur einige zu nennen. In beiden Kongos und

in Burundi steht der Präsident, der laut Verfassung anlässlich der nächsten Wahlen aus dem Amt scheiden soll, im Verdacht, an der Macht bleiben zu wollen.
Der Massenaufstand in Burkina Faso im Oktober 2014 inspirierte die Menschen des restlichen Kontinents zum Widerstand. Medien, Intellektuelle und Aktivist(inn)en ließen sich von dem Gedanken leiten, Burkina Faso könne das Tunesien Schwarzafrikas sein, und eine Folge von Aufständen zugunsten der Demokratie auslösen, deren oberstes Ziel ein Wechsel an der Spitze des Staates ist (vgl. S. 58 ff.).
Die internationale Kampagne „Tournons la Page!" („Schlagen wir ein neues Kapitel auf!"), im Oktober 2014 unmittelbar vor den Ereignissen in Burkina Faso ins Leben gerufen, folgt dieser Dynamik. Sie vereint Bürger(innen) aus Afrika und Europa, Intellektuelle, Künstler(innen), Medienschaffende, religiöse Oberhäupter, Verbände und Gewerkschaften, die gemeinsam eine breite unparteiische Bewegung mit dem Ziel bilden, die Voraussetzungen für echte Demokratie in Afrika zu schaffen.
Der Demokratisierungsprozess ist langwierig und komplex. Weitreichende Kriterien müssen eingehalten werden, beispielsweise die staatliche Zusicherung der Grundfreiheiten für alle Bürger(innen) ohne Ausnahme, eine tatsächliche Gewaltenteilung, der Kampf gegen Korruption, eine gerechte Verteilung des Wohlstands, die Sensibilisierung der Bürger(innen) und vieles mehr. Der burkinische Rapper und Aktivist Smockey spricht von einem „Eisberg", um zu zeigen, dass eine Diktatur sich nicht auf einen einzelnen Menschen beschränkt, sondern Ausdruck eines gesamten, tief verwurzelten Systems ist, das sich ungleich schwerer bekämpfen lässt.

Redefreiheit ist Grundvoraussetzung

Die Vorstellung, die Afrikaner(innen) seien nicht reif für die Demokratie oder es müsse eine Demokratie „nach afrikanischer Art" geben – womit gemeint ist: mit einem starken Mann als Staatsoberhaupt –, ist noch immer weit verbreitet, auch wenn sie nicht die einzige ist. Sie wird von den Ereignissen in Burkina Faso und im Senegal faktisch widerlegt. Man sollte sich in der Tat vor einer essenzialistischen, kulturalistischen Auslegung hüten, die einigen politischen Führern, wenn sie diese nicht von sich aus geltend machen, inakzeptable Argumente liefert, um sich an der Macht zu halten. Die Ereignisse haben auch bewiesen, dass Demokratie kein einheitliches Modell ist und dass es bei den Menschen selbst liegt, sie auszugestalten (ohne deswe-

„Die Vorstellung, die Afrikaner seien nicht reif für die Demokratie, ist noch immer weit verbreitet."

gen jedoch dem Kulturalismus zu verfallen). Um zu mobilisieren, muss man in der Lage sein, sich Gehör zu verschaffen. In einigen Ländern, wo eine relative Redefreiheit herrscht, beispielsweise in Burkina Faso und dem Senegal, ist es Aktivist(inn)en gelungen, alternative Formen der Mobilisierung zu entwickeln, häufig auf einer sehr lokalen Ebene. Beispiele hierfür sind die Gründung eines unabhängigen lokalen Radiosenders sowie das Abhalten von Konzerten und Maßnahmen zur Erwachsenenbildung. Dies ist jedoch nur eingeschränkt oder schlicht ganz unmöglich etwa in Ländern, in denen der Übergang zur Demokratie noch nicht richtig begonnen hat – wie im Tschad, in der Republik Kongo, in Togo und in Äquatorialguinea, um nur einige zu nennen, denn dort werden die Medien kontrolliert und Journalist(inn)en, Oppositionelle und Aktivist(inn)en mundtot gemacht.

Demokratie ist eine wesentliche Voraussetzung für die Verbesserung der Lebensverhältnisse und für Emanzipation. Man kann nicht erwarten, dass der afrikanische Kontinent in puncto Gesundheit, Bildung und Umweltschutz Fortschritte macht ohne den Aufbau von Rechtsstaaten, die diese Bezeichnung auch tatsächlich verdienen. Der „glokale" Ansatz, der eine Verstärkung der globalen und lokalen Ebene vorsieht und immer häufiger im Zusammenhang mit der Globalisierung herangezogen wird, darf nicht darüber hinwegtäuschen, dass die nationale Ebene nach wie vor eine wichtige Rolle spielt und bei integrierten Verwaltungskonzepten nicht umgangen werden darf.

Der Mangel an Politisierung der Organisationen der Zivilgesellschaft (oder manchmal ihre zu große Nähe zur Macht) ist ein wirkliches Problem. Außerdem werden die Begriffe „politisch" und „parteiisch" nur allzu oft verwechselt. Man kann eine politische Aktion organisieren und an der politischen Debatte teilnehmen, ohne notwendigerweise parteiisch zu sein. Es muss mit Sicherheit nicht daran erinnert werden, dass Politik die Grundlage einer jeden Gesellschaft ist. Warum sollte die afrikanische Zivilgesellschaft davon noch länger ausgeschlossen sein?

Anmerkungen
(1) Nach der Rede von La Baule, in der sich der damalige französische Präsident François Mitterrand 1990 an 20 ehemalige französische Kolonien wandte, wurden in Afrika zahlreiche sogenannte Scheindemokratien errichtet. Obwohl viele Länder das Mehrparteiensystem einführten, gewannen die Diktatoren schnell wieder die Oberhand. Ihre Argumente, um Anspruch auf den Status eines „demokratischen Regimes" zu erheben, sind das Abhalten von Wahlen (meistens gefälscht) und das Mehrparteiensystem, das allerdings weder Redefreiheit noch finanzielle Mittel für die Opposition vorsieht.
(2) Der durch die Verfassung gesicherte politische Wechsel und das Abhalten von freien und transparenten Wahlen sind Indikatoren für Demokratie. Erklären die politischen Führer sich mit diesen Bedingungen einverstanden, geben sie die Macht an deren höchsten Verwahrer, das Volk zurück. Der politische Wechsel ist dabei jedoch vielmehr Schutzmaßnahme denn Selbstzweck.

Welches Afrika-Vorurteil besteht den Praxistest nicht?
Die Afrikaner brauchen die Europäer, um sich zu entwickeln.

Zur Autorin
Eve Rodot, geb. 1991, studierte Geografie und koordiniert die Kampagne „Tournons la Page!". Ihr gehören afrikanische und europäische Organisationen an, die an der Demokratisierung Afrikas arbeiten.

Kontakt
Eve Rodot
Secours Catholique
Equipe Tournons la Page
E-Mail
afrique.democratie@secours-catholique.org

Impulse

Projekte und Konzepte

Wasserressourcenmanagement in Namibia und Südafrika
Wissenschaft und Zivilgesellschaft Hand in Hand

In vielen afrikanischen Ländern stellen die Trinkwasserversorgung und die Abwasserentsorgung noch immer dringliche Probleme dar. Hier setzt das vom Bundesministerium für Bildung und Forschung geförderte Konzept „Integriertes Wasserressourcenmanagement" (IWRM) an, das den nachhaltigen Umgang mit der Ressource Wasser weltweit in den Fokus rückt. Das Konzept soll nicht nur dazu beitragen, Ökosysteme zu schützen, sondern die soziale und wirtschaftliche Entwicklung zu stärken, indem etwa im Wassersektor Arbeitsplätze geschaffen werden. Von besonderer Bedeutung hierfür ist die Ausbildung der Menschen vor Ort mittels Schulungen („Capacity-Development").

Im nordnamibischen Cuvelai-Etosha-Basin, das sich durch den jahreszeitlichen Wechsel von Dürren und Überschwemmungen sowie ein starkes Bevölkerungswachstum auszeichnet, leitet das Institut für sozial-ökologische Forschung (ISOE) zusammen mit Kooperationspartnern seit November 2006 das IWRM-Projekt. Dabei entwickeln Wissenschaftler(innen) zusammen mit der Zivilbevölkerung verschiedene Technologien, beispielsweise Regenwassersammlung, unterirdische Wasserspeicherung sowie solargekoppelte dezentrale Grundwasserentsalzung, und bauen Pilotanlagen auf. Ziel ist, dass die namibischen Partner bis Ende 2015 alle Anlagen übernehmen.

Auch in der wasserarmen Region Mittlerer Olifants im nordöstlichen Südafrika, die durch intensive Wassernutzung durch Haushalte, Bergwerke und Bewässerungslandwirtschaft gekennzeichnet ist, läuft mittlerweile die zweite IWRM-Projektphase. Dem Projektträger, dem Institut für Umwelttechnik und Management an der Universität Witten/Herdecke, geht es in dieser Phase insbesondere darum, geeignete Strukturen vor Ort zu schaffen, um die Wertschöpfung im Wassersektor nachhaltig zu erhöhen und zu sichern. Des Weiteren will man einen Informationsaustausch und eine vergleichende Analyse mit anderen Regionen einführen. (ks)

Links:
www.bmbf.wasserressourcen-management.de
www.cuvewaters.net
www.isoe.de (Projekte / CuveWaters – Integriertes Wasserressourcen-Management in Namibia)
www.iwrm-southafrica.de

Müllprojekte in Sierra Leone und im Kongo

Saubere Sache

Um das Müllproblem in afrikanischen Städten, das durch die rasante Verstädterung noch verstärkt wird, in den Griff zu bekommen, gibt es verschiedene Ansätze. In der 200.000-Einwohner-Stadt Bo City in Sierra Leone etwa rief die Welthungerhilfe zusammen mit der Stadtverwaltung die Initiative „Klin Bo Services" ins Leben, um etwas gegen die Müllberge und die wilden Deponien zu unternehmen. 60 Jugendliche werden hier zu Müllsammler(inne)n ausgebildet und mit Motorrollern ausgestattet, um den Abfall in entlegenen Stadtteilen einzusammeln und in speziellen Sammelstellen zu entsorgen. Die Kund(inn)en müssen sich lediglich bei der Initiative anmelden und eine kleine Gebühr zahlen. Eine Besonderheit von Klin Bo Services stellt auch der Umgang mit dem Müll dar: Nicht alles landet auf Deponien, vielmehr verarbeiten Freiwillige Plastiktüten zu Handtaschen oder Aluminiumdosen zu Kleiderbügeln weiter und verkaufen diese Gegenstände dann.
Im Osten der Demokratischen Republik Kongo setzt sich der Unternehmer Joël Tembo Vwira auf eigene Faust für die Müllentsorgung in seiner Heimatstadt Goma ein. Sein Motto „Sauberkeit ist ein Wert an sich" ließ ihn 2008 mithilfe privater Geldgeber die Business and Services Company, eine Müllabfuhr- und Reinigungsfirma, gründen. Seitdem stellt er bei seinen Kund(inn)en Plastiksäcke auf und lässt sie einmal in der Woche abholen. Vwira hofft auf einen Vertrag mit der Stadt, um seinen Dienst flächendeckend und zu geringeren Preisen anbieten zu können. (ks)

Link: www.welthungerhilfe.de (Informieren / Afrika / Müll in Sierra Leone)

Webvideo-Wettbewerb Bündnis „Gemeinsam für Afrika"

Potenziale entdecken und fördern

Dass für Afrika nicht nur Begriffe wie Armut, Landraub oder HIV, sondern auch Fußball, Theater oder Yoga stehen, zeigt die Rubrik „Afrika von A bis Z" auf der Internetseite von „Gemeinsam für Afrika". Dieses Bündnis, für das sich über 20 Hilfsorganisationen zusammengeschlossen haben, hat sich zum Ziel gesetzt, ein realistisches Bild des Kontinents zu vermitteln und auf die Chancen und Potenziale seiner Menschen hinzuweisen. Die deutschlandweite Kampagne, deren Schirmherr Bundespräsident Joachim Gauck ist, legt jedes Jahr einen thematischen Schwerpunkt fest. 2015 stehen die Menschenrechte im Vordergrund. Auch Schulen, die an der Aktion „Schulen – Gemeinsam für Afrika" teilnehmen, beschäftigen sich in eigenen Veranstaltungen mit diesem Thema.
„Gemeinsam für Afrika" engagiert sich mithilfe entwicklungspolitischer Bildungs- und Bewusstseinsarbeit und durch Projekte und Programme der Hilfsorganisationen.
Neben „Afrika von A bis Z" gibt es auf der Internetseite weitere interessante Rubriken: Eine Projektlandkarte informiert anschaulich über die Arbeit der Organisationen, in-

dem man entweder auf die einzelnen Länder klickt oder sich über Begriffe wie Ernährung, Bildung oder Flüchtlinge spezifische Projekte anzeigen lässt. Daneben stellt die Seite aktuelle Meldungen und grundlegende Informationen zu Themen wie Handel und Wirtschaft, ökologische Nachhaltigkeit und Nahrungssicherung bereit. (ks)

Kontakt:
DFC Deutsche Fundraising Company GmbH
E-Mail info@gemeinsam-fuer-afrika.de
www.gemeinsam-fuer-afrika.de

App „Action for Transparency"
Mit Smartphones gegen die Korruption

Uganda liegt auf dem Korruptionsindex der NGO Transparency International auf Platz 142 von 175 Ländern, das heißt: Klare Angaben über die Verwendung von öffentlichen Geldern fehlen, und besonders Institutionen wie Schulen leiden darunter, dass das ihnen zustehende Geld sie gar nicht oder zu spät erreicht. Mit der seit Mai 2014 eingerichteten App „Action for Transparency" ist nun der Zivilgesellschaft ein Mittel an die Hand gegeben, selbst etwas gegen diese Missstände zu unternehmen. Interessierte benötigen hierfür ein Handy mit Internetanschluss, alternativ steht die Funktion auch auf der Website bereit. Die Nutzer(innen) können sich mit der Anwendung über vorgesehene öffentliche Summen für Bildungs- oder Gesundheitseinrichtungen informieren. Wenn beispielsweise Mitarbeiter(innen) einer Klinik oder Eltern von Schulkindern Fehler oder Lücken im Geldfluss auffallen, können sie einfach anonym eine Mitteilung schicken. Die Projektleitung nimmt sich der Fälle an und veröffentlicht sie auf ihrer Website sowie auf Facebook. Die Initiatoren erhoffen sich, dass sich möglichst viele Bürger(innen) beteiligen und Informationen einfordern, um auf diese Weise der Korruption im Land entgegenzuwirken. Neben Uganda läuft das Projekt auch in Sambia. Organisiert wird „Action for Transparency" vom Fojo Media Institute der Linnaeus Universität in Schweden. (ks)

Links: www.transparency.org
www.tiuganda.org
www.actionfortransparency.org

Deutsche Afrika-Stiftung
Ausgezeichnetes Engagement

Die Beziehungen zwischen Afrika und Deutschland stehen bei der Deutschen Afrika-Stiftung mit Sitz in Berlin im Vordergrund: Sie sieht sich als Dialogpartnerin für die afrikanische und deutsche Industrie, Politik und Zivilgesellschaft, und setzt sich sowohl für eine friedliche Zusammenarbeit in diesen Feldern als auch für den interkulturellen Austausch ein. Die Stiftung möchte diese Ziele vor allem durch die Organisation von Veranstaltungen wie Vorträgen, Lesungen oder Podiumsdiskussionen erreichen. Zentral ist hierbei die jährliche Verleihung des „Deutschen Afrika-Preises", die seit 1993 stattfindet und die jeweils eine bekannte Persönlichkeit aus der deutschen

Politik vornimmt. Zuvor entscheidet eine unabhängige Jury über die Preisträger(innen), die in den Bereichen Demokratie, Frieden, Menschenrechte, soziale Marktwirtschaft, Kunst oder Kultur Besonderes geleistet haben. Mit der Auszeichnung will man nach eigenen Angaben das Engagement fördern sowie zur Nachahmung animieren.
2014 verlieh Außenminister Frank-Walter Steinmeier den Preis an Abdel Kader Haidara, einen der bedeutendsten Archivare Malis. Er katalogisierte historische Manuskripte Timbuktus, verpackte sie zusammen mit Helfern in Tausende Kisten und versteckte sie vor islamistischen Rebellen, die das UNESCO-Weltkulturerbe 2012 plünderten. Auf diese Weise rettete der Malier über 160.000 antike Handschriften, die die reiche literarische Tradition Afrikas belegen und ein bedeutendes Zeugnis der vorkolonialen afrikanischen Geschichte darstellen. (ks)

Link: www.deutsche-afrika-stiftung.de

Digitale Wissensvermittlung
„Hello World!"

Wie wichtig Bildung für die Entwicklung und die Befreiung aus der Armut ist, ist hinlänglich bekannt. Dennoch haben vor allem in Subsahara-Afrika noch immer Millionen Kinder keine Möglichkeit, eine Schule zu besuchen. Die Britin Katrin Macmillan, die 2013 die Initiative „Projects for All" gründete, hatte daher mit ihrem Projekt „Hello World" die Idee, über die Installation von solarbetriebenen Internetkiosken zumindest digitale Bildungsmöglichkeiten in entlegenen Regionen zu schaffen. Die jeweiligen Gemeinden betreiben und warten selbstständig die sogenannten „Hello Hubs", die im Freien aufgebaut und mit Computern und Videokameras ausgestattet sind. Kinder und auch Erwachsene können sich hier mithilfe von installierter Lernsoftware bilden, daneben ermöglicht der Internetzugang das Beschaffen von Informationen, etwa im Gesundheitsbereich, oder die Teilhabe an sozialen Netzwerken.
Nachdem 2014 der erste Hello Hub in Suleja in Nigeria installiert wurde, haben Mcmillan und ihre Mitstreiter(innen) ehrgeizige Ziele: Bis 2019 möchten sie mit „Hello World" weltweit zwei Millionen Kinder erreichen. Um auf ihr Bildungsprojekt aufmerksam zu machen und die dafür nötige Unterstützung einzuwerben, sind sie auf der Crowdfunding-Plattform Indiegogo vertreten. (ks)

Links: www.hellohubs.org
www.projectsforall.org
www.indiegogo.com (Global Child Led Digital Education)

Afrikanische Literatur in Deutschland
Die Stimmen des Kontinents

Im interkulturellen Begegnungszentrum „Allerweltshaus" in Köln stellen seit 2009 einmal im Monat, meist sonntags, afrikanische Autor(inn)en ihre kürzlich auf Deutsch erschienenen Werke vor. Mit dabei waren schon der Nigerianer Helon Habila („Öl auf

Wasser") oder die aus Senegal stammende Fatou Diome, die mit ihrem Roman „Der Bauch des Ozeans" international Erfolg hatte. Im Vordergrund steht bei diesem Projekt mit dem Namen „Stimmen Afrikas" der Austausch zwischen den Vortragenden und dem Publikum über Alltagswelten und gesellschaftspolitische Themen.
Neben den Lesungen bietet die Veranstaltungsreihe auch Tagungen und Diskussionen an, beispielsweise zum digitalem Boom in Afrika. (ks)

Link: www.stimmenafrikas.de

Afrikanische Kleinstwasserkraftwerke
Strom aus dem Fluss

Ein schwimmender Reifen aus alten Traktorenschläuchen mit einem Rotor in der Mitte, der mithilfe von Wasserbewegung Strom erzeugt – was wie ein Kunstprojekt klingt und zunächst auch als ein solches angedacht war, erweiterte sich in den vergangenen beiden Jahren zu einer ernsthaften technischen Innovation für die mobile Elektrizitätsversorgung. Dies ist in abgelegenen Regionen Afrikas vonnöten, die keinen Anschluss an das Stromnetz haben.
Das Kleinstwasserkraftwerk mit dem Namen „Mobile Hydro", für das der Münchner Künstler Markus Heinsdorff und sein Team mittlerweile einige Auszeichnungen wie den „Empowering People Award" der Siemens-Stiftung bekommen haben, zeichnet sich durch seine einfache Handhabung und die günstigen Bestandteile wie recycelte Traktorenschläuche oder ausrangierte Aluminiumbleche von Druckerplatten aus. In einen Fluss gelegt und am Ufer befestigt dreht sich ein dreiflügeliges Rad des Rotors aufgrund der Wasserströmung, und ein einfacher Generator wandelt diese Bewegung in bis zu 300 Watt Strom um. Die könnten etwa in der Nacht einige Lampen zum Leuchten bringen.
Zusammen mit dem Hydromechanik-Labor der Technischen Universität München testeten die Entwickler den Prototyp im Labor und im Freien und überarbeiteten das technische Konzept, sodass das mobile Wasserkraftwerk im zweiten Halbjahr 2015 in die Serienproduktion geht. Im Gegensatz etwa zu Dieselgeneratoren oder Solaranlagen liegen die Vorteile in den niedrigen Materialkosten von weniger als 500 Euro pro Stück sowie in der dauerhaften Stromproduktion. Damit ließen sich viele Gegenden umweltfreundlich mit Elektrizität versorgen. (ks)

Link: www.mobilehydro.com

Umweltfreundliche Mobilität
Fahrräder für Afrika

Da die Menschen in afrikanischen Ländern oftmals weite Strecken zu Fuß zurücklegen müssen, kamen Ehrenamtliche aus Sachsen 2010 auf die Idee, Fahrräder per Container nach Afrika zu liefern und der Bevölkerung den Erwerb des relativ günstigen und umweltfreundlichen Verkehrsmittels zu ermöglichen. Dafür gründeten sie den Verein „Fahrräder für Afrika e.V.", der neben der

Sammlung und der Lieferung den Aufbau von Werkstätten und die Ausbildung von Einheimischen zu Fahrradmechaniker(inne)n unterstützt.

Das Konzept funktioniert folgendermaßen: Freiwillige statten einen Überseecontainer in Deutschland mit bis zu 450 gesammelten Fahrrädern, Werkzeugen und Ersatzteilen aus. Im Ankunftsort, einer vorher ausgewählten Gemeinde, wird der Container zu einer Werkstatt umfunktioniert, einem sogenannten „Bicycling Empowerment Centre" (BEC).

Zu diesem Zweck arbeitet der Verein mit unterschiedlichen afrikanischen Projektpartnern zusammen, beispielsweise dem „Bicycling Empowerment Network Namibia" (BEN). Die Partner begleiten die ersten 18 Monate einer neuen Werkstatt und statten die Mechaniker(innen) mit technischem und kaufmännischem Wissen aus, sodass sie danach selbstständig ihrer Arbeit nachgehen, Einkommen erwirtschaften und ihrem Umfeld Fahrräder anbieten können. Krankenpfleger(innen) bekommen die Räder sogar umsonst, um die medizinische Versorgung zu verbessern. Mittlerweile zeigt sich, dass sich die Läden oft zum zentralen Treffpunkt im Ort entwickeln. (ks)

Link: www.fahrraeder-fuer-afrika.de

Nahrungssicherheit

Gute Aussichten auch in Afrika

Aufgrund seines Erfolgs dient das Programm für Nahrungssicherheit der brasilianischen Millionenstadt Belo Horizonte als Vorbild für afrikanische Gemeinden, in denen der Hunger oft ebenfalls ein großes Problem darstellt. Das 2009 vom World Future Council (WFC) mit dem „Future Policy Award" ausgezeichnete Programm hat geholfen, die Kindersterblichkeit um 60 Prozent und die Unterernährung um 75 Prozent zu reduzieren.

Um etwas gegen die weit verbreitete Unterernährung und den Hunger zu unternehmen, verabschiedete die Stadt Belo Horizonte 1993 ein Gesetz, das beispielsweise vorsieht, lokale Märkte zu fördern, kostenloses Schulessen und günstige Speisen in subventionierten Restaurants anzubieten sowie die Bevölkerung über das Recht auf Nahrung, gute Ernährung und die Möglichkeiten zum Eigenanbau von Obst und Gemüse in Stadtgärten aufzuklären.

Um sich über das Ernährungssicherungssystem und die Förderung des Kleinbauerntums der brasilianischen Stadt zu informieren, reisten 2013 einige afrikanische Bürgermeister(innen) nach Belo Horizonte. Mit Unterstützung des WFC und der Ernährungs- und Landwirtschaftsorganisation der Vereinten Nationen (FAO) fand 2014 ein Workshop in der namibischen Hauptstadt Windhuk statt, bei dem Expert(inn)en für Nahrungssicherheit aus Brasilien und anderen Ländern afrikanischen Lokalpolitiker(inne)n konkrete und bewährte Maßnahmen zur strukturellen Bekämpfung von Hunger und Unterernährung vorstellten. (ks)

Link: www.worldfuturecouncil.org (Nahrungssicherheit)

„Floating School Project"
Unterricht auf dem Wasser

Makoko ist ein besonderes Viertel in Nigerias Megastadt Lagos: In der informellen Fischersiedlung leben rund 100.000 Menschen in Holzhäusern auf Stelzen. Kanus stellen die einzige Transportmöglichkeit dar. Um dieses Viertel grundlegend aufzuwerten, nachhaltig zu gestalten und an die Folgen des Klimawandels anzupassen, initiierte die nigerianisch-niederländische Organisation NLÉ im Jahr 2010 das „Floating School Project". Die Heinrich-Böll-Stiftung und das Entwicklungsprogramm der Vereinten Nationen (UNDP) unterstützen das Projekt, das zugleich Teil einer umfassenden Studie der NLÉ zu afrikanischen Wasserstädten ist.
Die Architekt(inn)en verknüpften bei der schwimmenden Schule Bauweisen der einheimischen Bevölkerung mit moderner Technologie. Dabei entstand ein dreieckiges und dreistöckiges Holzhaus, das auf einer Plattform aus Hunderten Plastikfässern sowie einem Holz- und Aluminiumrahmen aufliegt und sich dadurch optimal an den steigenden Meeresspiegel anpassen kann. Das Gebäude bietet neben Klassenzimmern und einem kleinen Fußballplatz eine Regenwassersammelanlage und Solarzellen auf dem Dach. Die Schule diente als Vorbild für die Einrichtung von Nachbarschaftszentren oder die Konstruktion von einfachen Biogasanlagen. (ks)

www.nleworks.com (Architecture & Design / Makoko Floating School)
ng.boell.org (Megacity Lagos / Makoko Solutions: Floating School)

Bildungsarbeit
„Dein Tag für Afrika"

Um für afrikanische Themen zu sensibilisieren und Kinder und Jugendliche hierzulande zu ermutigen, sich für Gleichaltrige dieses Kontinents zu engagieren, organisiert der Verein „Aktion Tagwerk" seit 2003 die Kampagne „Dein Tag für Afrika". 2015 findet der Aktionstag am 23. Juni statt.
Bundesweit können sich daran Schüler(innen) jeden Alters und jeder Schulart beteiligen, indem sie an diesem, anstatt zur Schule zu gehen, arbeiten und ihren Lohn an afrikanische Bildungsprojekte in Burundi, Ruanda oder Ghana spenden. Kooperationspartner sind die Mainzer Kinderhilfsorganisation „Human Help Network" und das Hilfswerk „Brot für die Welt".
Die Schüler(innen) verdienen das Geld bei eintägigen Schnupperpraktika in Unternehmen, bei Hilfsdiensten in privaten Haushalten oder durch sportliche Betätigung beim Spendenlauf „Go for Africa". Zusätzlich bekommen die teilnehmenden Schulen Unterrichtsmaterialien zu Afrika oder können die Wanderfotoausstellung „Ein Tag und dazwischen 6.000 km", die den Schulalltag in Deutschland und Ruanda vergleicht, ausleihen und zeigen. (ks)

Kontakt:
Bundesbüro Aktion Tagwerk e.V.
Walpodenstraße 10
D-55116 Mainz
Fon ++49/(0)6131/908 81 00
E-Mail info@aktion-tagwerk.de
www.aktion-tagwerk.de

Medien

Sieren, A./Sieren, F.: Der Afrika-Boom. Die große Überraschung des 21. Jahrhunderts

Afrika als ökonomischer Aufsteiger? Die Autoren zeichnen in ihrem Buch genau dieses Bild – in einer Mischung aus kritischer Beschreibung der Situation und ökonomischem Optimismus. Journalist und Analyst Andreas Sieren wohnt in Südafrika und schreibt für deutsche, südafrikanische und asiatische Zeitungen; Frank Sieren ist Chinaspezialist. In dem vorliegenden Buch analysieren sie unter anderem die neue afrikanische Mittelschicht, Energieressourcen, Infrastruktur, die Veränderung im Verhältnis zum Westen sowie generell Afrikas internationale Beziehungen. Zentral hierbei ist die Rolle von China und dessen Investitionen in Afrika.

Die erläuterten positiven Entwicklungen wie Wirtschaftswachstum, Stabilisierung der Regierungen, Zunahme der Kooperationen innerhalb des Kontinents, Vernetzung durch Mobilfunk und die wachsende Mittelschicht zeigen eine positive und bis jetzt zu selten beachtete Seite Afrikas. Doch auch wenn negative Aspekte wie soziale Ungleichheit oder Konflikte mit chinesischen Investoren nicht ausgespart werden, irritiert an manchen Stellen der enge ökonomische Fokus, etwa wenn mit dem Verweis auf das Vorbild Asien von billiger Arbeitskraft als einer Voraussetzung für den Boom die Rede ist und ökologische Folgen geplanter Energiegroßprojekte sowie dem Rohstoffabbau nur sehr marginal thematisiert werden. Mit Blick auf vergangene und aktuelle Umweltprobleme in diesen Bereichen, gerade im Zusammenhang mit chinesischen Umweltstandards, sollte eine differenzierte Betrachtung der ökologischen Perspektive Teil der Diskussion sein.

Deutlich wird, dass China, unbelastet von kolonialer Geschichte, in Afrika einen einfacheren Stand hat als der Westen. Die Tatsache, dass chinesische Investoren als Geschäftspartner auch deshalb erfolgreicher sind als europäische, weil mit den Investitionen keine politischen Forderungen verknüpft werden, bedeutet jedoch nicht, dass es keine politischen Folgen gäbe. Das zeigt sich an der Weigerung Südafrikas, dem Dalai Lama ein Visum zu erteilen, aus Rücksicht auf chinesische Geschäftsbeziehungen. Dies ist zugleich ein Beispiel für die Komplexität der sich verändernden Handelsstrukturen Afrikas, über die das Buch einen umfassenden und gut verständlichen

Überblick gibt. Besonders spannend sind dabei die Beobachtungen eines neuen Selbstbewusstseins afrikanischer Gesellschaften in der Gestaltung nationaler und internationaler ökonomischer Regelungen. (dw)

Sieren, Andreas/Sieren, Frank:
Der Afrika-Boom. Die große Überraschung des 21. Jahrhunderts. Hanser, München 2015, 300 S., 21,90 €, ISBN 978-3-446-44321-1

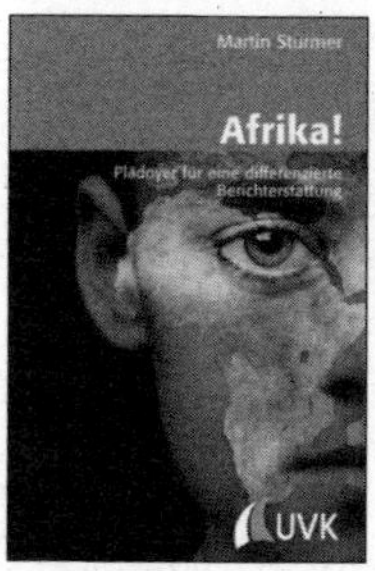

Sturmer, M.: Afrika! Plädoyer für eine differenzierte Berichterstattung

Afrika ist der Kontinent der schlechten Nachrichten – so zumindest stellen es deutschsprachige Medien gern dar. Was muss sich hier ändern und wie wäre das möglich? Martin Sturmer, Leiter der Nachrichtenagentur afrika.info, bietet Medienschaffenden und kritischen Mediennutzer(inne)n spannende Einblicke in die Mechanismen der Medienwelt und öffnet den Blick auf notwendige Perspektiven in der Berichterstattung über Afrika. Seine Beobachtungen unterlegt er mit Zahlen und Studien. Er stellt Akteure und aktuelle Veränderungen in der europäischen Medienlandschaft vor, wobei er bewusst auch die internationale Kritik, beispielsweise an Methoden der Nachrichtenagenturen, mit einbezieht. Sturmer geht es nicht allein um eine prinzipielle Kritik. Überzeugend erläutert er wirtschaftliche Nachteile in Bezug auf Investitionen und Tourismus, die dem Kontinent durch eine überwiegend negative und pauschalisierende Berichterstattung entstehen, zu der auch das Ausblenden positiver wirtschaftlicher Entwicklungen zählt. Auch das interkulturelle Zusammenleben in Deutschland sowie das Vertrauen in Entwicklungszusammenarbeit wird davon negativ beeinflusst.
Der Autor sieht Afrika in der „Dramatisierungsfalle": Weil Nachrichten aus Afrika oft über negative und dramatische Ereignisse berichteten, würden diese mittlerweile als alltäglich und nicht mehr interessant wahrgenommen. Wenn als Ergebnis dessen übertrieben werde, um dennoch mediale Aufmerksamkeit zu bekommen, festige sich dieser Eindruck noch mehr. Mit Hinblick auf die Wichtigkeit von PR für Spenden betreffe dieses Problem auch Hilfsorganisationen.
Aufbauend auf seinen Beobachtungen stellt Sturmer Alternativen für einen Perspektivwechsel dar. Er verweist darauf, dass durch moderne Technologien die Kooperation mit lokal ansässigen Journalist(inn)en mittlerweile sehr gut möglich ist, und zeigt, was deutschsprachige Medien konkret ändern können. (dw)

Sturmer, Martin: Afrika! Plädoyer für eine differenzierte Berichterstattung. UVK, München 2013, 192 S., 29,– €, ISBN 978-3-86764-323-8

Kruchem, T.: Land und Wasser: Von der Verantwortung ausländischer Agrarinvestoren im Süden Afrikas

Thomas Kruchem, Journalist und Autor zum Thema Entwicklung, untersucht zusammen mit drei Journalisten aus Sambia, Mosambik und Tansania konkrete Auswirkungen ausländischer Investitionen auf die Landwirtschaft in eben diesen Ländern. Er geht dabei von der Notwendigkeit ausländischer Investitionen zur Armutsbekämpfung aus, die seiner Ansicht nach allerdings durch den Staat zu steuern sind. Zentral bei den Rahmenbedingungen, die Kruchem vorstellt, ist der gerechte und nachhaltige Umgang mit den Ressourcen Land und Wasser.

Unterstützt von Beispielen thematisiert der Autor die jeweilige nationale Situation sowie deren Ursachen. So beeinträchtigen Faktoren wie fehlende Geräte und Beratung sowie mangelnder Zugang zu Märkten die Einnahmen von Kleinbauern und -bäuerinnen. Des Weiteren widmet er sich dem Verhältnis von Investoren und Bevölkerung, dessen Komplexität durch das Buch hindurch an den untersuchten Fallbeispielen deutlich wird. In Bezug auf die Ressource Land stellt er verschiedene Arten der Investition und damit verbundene Herausforderungen dar. Ein Beispiel ist dabei der Anbau von schnell wachsenden Pinien und Eukalyptusbäumen mit seinen Vor- und Nachteilen. In seiner Betrachtung der Wassersituation in den Beispielländern geht Kruchem zudem auf problematische Wasserenergieprojekte ein. Bei seinen Recherchen sprach der Journalist sowohl mit Kleinbauern, Investoren als auch mit lokalen Expert(inn)en. Dabei wird unter anderem deutlich, dass Unternehmen leicht unter Druck geraten können, da allein der Verdacht, sie würden Land Grabbing betreiben, ihren Ruf in der Öffentlichkeit und damit ihr Vorhaben gefährden. Kruchems Buch bietet eine differenzierte Betrachtung der aktuellen und wichtigen Thematik von Agrarinvestitionen und zeigt Wege auf, wie diese konstruktiv ausgestaltet werden können. (dw)

Kruchem, Thomas: Land und Wasser –
Von der Verantwortung ausländischer
Agrarinvestoren im Süden Afrikas.
Brandes & Apsel, Frankfurt a. M. 2013,
196 S., 17,90 €, ISBN 978-3-95558-002-5

Schulze, S.: Wasser und Konflikt in Afrika. Die Rolle natürlicher Ressourcen in gewaltsamen Konflikten der Sahelregion

Wasser, unsere Lebensgrundlage – welche Rolle spielt es in gewaltsamen Konflikten? Sabine Schulze, Doktorandin an der Universität Leipzig, geht zwei Fällen nach, in denen Wasser Teil von innerstaatlichen Konflikten war: Darfur im Sudan und Borana in Äthiopien. Anhand der Ereignisse dort verdeutlicht sie die Komplexität der Zusammenhänge zwischen Wasserknappheit sowie gesellschaftlichen, klimatischen und politischen Prozessen. In Borana (Äthiopien) etwa wurde ein funktionierendes System von informellen Nutzungsvereinbarungen zwischen verschiedenen Bevölkerungsgruppen durch die Wasserknappheit auf eine harte Probe gestellt. Das Problem verschärfte sich durch eine zeitgleiche politische Instabilität in der Region noch. Zur Vermeidung und Lösung von Konflikten durch ein gutes Ressourcenmanagement ist die Aufmerksamkeit für solche Zusammenhänge, nicht zuletzt im Hinblick auf den Klimawandel, von großer Wichtigkeit. (dw)

Schulze, S.: Wasser und Konflikt in Afrika. Die Rolle natürlicher Ressourcen in gewaltsamen Konflikten der Sahelregion. VDM, Saarbrücken 2011, 104 S., 49,– €, ISBN 978-3-63906-039-3

Ottacher, F./Vogel, T.: Entwicklungszusammenarbeit im Umbruch. Bilanz – Kritik – Perspektiven. Eine Einführung

Wo steht die Entwicklungszusammenarbeit 2015, und steht sie da richtig? Das Ende der Millennium-Entwicklungsziele der Vereinten Nationen in diesem Jahr nehmen Friedbert Ottacher und Thomas Vogel, beides Kolumnisten beim Südwind-Magazin und seit Langem in der Entwicklungszusammenarbeit tätig, zum Anlass, über diese Frage nachzudenken. In ihrem Buch bieten sie einen fundierten und gut verständlichen Überblick über theoretische Ansätze, Geschichte, Erfolge und Misserfolge, Akteure und Instrumente der Entwicklungszusammenarbeit sowie die Rolle von Umweltschutz, HIV/ Aids, Gendergerechtigkeit und Korruption.
Dabei betonen die Autoren sowohl die Vielschichtigkeit innerhalb der Entwicklungszusammenarbeit als auch deren Unterscheidung von humanitärer Hilfe. Gut nachvollziehbar zeigen Ottacher und Vogel Zusammenhänge zu anderen Mechanismen auf, zum Beispiel mit dem Verweis, dass das Steigern der Wettbewerbsfähigkeit durch Entwicklungspolitik nur effektiv sein kann, wenn nicht gleichzeitig internationale agrar-, handels- oder sicherheitspolitische Regelungen genau diese blockieren.
Auch die Kernpunkte der immer wieder vertretenen These, die Entwicklungszusammenarbeit an sich sei abzuschaffen, werden von den Autoren kritisch reflektiert. Ausgehend davon, dass eine Abschaffung nicht zielführend ist, eine Umgestaltung jedoch notwendig, geben sie dafür konkrete Denkanstöße. Dabei beziehen sie aktuelle Entwicklungen mit ein, wie das Aufbrechen der klaren Trennung der Geber- und Empfängerseite. Neben der gut verständlichen Darstellung einer komplexen Thematik liefern Ottacher und Vogel auch Orientierungsmöglichkeiten, beispielsweise zur eigenen Bewertung von Hilfsprojekten oder zu individuellem Handeln. (dw)

Ottacher, Friedbert/Vogel, Thomas: Entwicklungszusammenarbeit im Umbruch. Bilanz – Kritik – Perspektiven. Eine Einführung. Brandes & Apsel, Frankfurt a.M. 2015, 172 S., 17,90 €, ISBN 978-3-95558-111-4

Kurz notiert

Brand, Bernhard:
Integration of Renewable Energies in North Africa
Dr. Kovac, Hamburg 2015, 230 S., 88,90 €, ISBN 978-3-8300-8311-5

Eberlei, Walter (Hrsg.):
Zivilgesellschaft in Subsahara-Afrika
Springer, Berlin 2014, 250 S., 39,99 €, ISBN 978-3-6580-1963-1

Engelhardt, Marc:
Heiliger Krieg – heiliger Profit. Afrika als neues Schlachtfeld des internationalen Terrorismus
Ch. Links, Berlin 2014, 224 S., 16,90 €, ISBN 978-3-86153-758-8

Harding, Leonhard:
Geschichte Afrikas im 19. und 20. Jahrhundert
Oldenbourg Wissenschaftsverlag, München 2013, 305 S., 29,80 €, ISBN 978-3-4867-1702-0

Johnson, Dominic:
Afrika vor dem großen Sprung
Klaus Wagenbach, Berlin 2013, 144 S., 9,90 €, ISBN 978-3-8031-2710-5

Moyo, Dambisa:
Dead Aid. Warum Entwicklungshilfe nicht funktioniert und was Afrika besser machen kann
Haffmans & Tolkemitt, Berlin 2011, 236 S., 14,95 €, ISBN 978-3942989015

Schmid, Bernhard:
Front[ex]linie Mittelmeer. Migrationsregime nach dem „Arabischen Frühling"
Edition Assemblage, Münster 2015, 128 S., 12,80 €, ISBN 978-3-9428-8554-6

Seitz, Volker:
Afrika wird armregiert oder: Wie man Afrika wirklich helfen kann
dtv, München 2009, 220 S., 14,90 €, ISBN 978-3-423-26038-1

Thielke, Thilo:
Tansania. Reportagen und Reiseberichte aus dem Herzen Ostafrikas
Brandes und Apsel, Frankfurt a.M. 2015, 200 S., 19,90 €, ISBN 978-3-9555-8110-7

Vogt, Werner:
Südafrika – Eine Demokratie wird erwachsen. Geschichte – Gegenwart – Zukunft
NZZ Libro, Zürich 2014, 200 S., 36,– €, ISBN 978-3-0382-3922-2

Heller, Peter:
Süßes Gift – Hilfe als Geschäft
Deutschland 2012, 89 Min.

Von Einsiedel, Orlando:
Virunga, the movie
UK und Kongo 2014, 100 Min.

SPEKTRUM NACHHALTIGKEIT

Die gesellschaftliche Diskussion um die Zukunft ist vielschichtig. Im *Spektrum Nachhaltigkeit* veröffentlicht die *politische ökologie* deshalb – unabhängig vom jeweiligen Schwerpunktthema – Fachbeiträge, die sich mit verschiedenen Aspekten der Nachhaltigkeit auseinandersetzen. – Viel Vergnügen beim Blick über den Tellerrand!

Teil 6 zum Transatlantischen Freihandelsabkommen (TTIP)

Die Auswirkungen von TTIP auf Entwicklungsländer

Armutsprogramm aus dem Katalog

Von Martin Rücker

Wachstum, Wohlstand, Jobs – das sind die Hoffnungen und Versprechen der TTIP-Befürworter(innen). Was das geplante Freihandelsabkommen zwischen EU und USA bringen wird, ist jedoch keine einfache Frage. Schmerzlich bekamen dies zuletzt der Bundesverband der Deutschen Industrie, die Initiative Neue Soziale Marktwirtschaft und der Verband der Automobilindustrie zu spüren: Nach und nach mussten sie ihre Angaben über mögliche wirtschaftliche Effekte von TTIP nach unten korrigieren. Denn sie hatten viel zu viel versprochen – mehr als die Studien selbst, auf die sie sich beriefen.

Doch nicht nur die Verheißungen der Fürsprecher(innen) sind mit Vorsicht zu genießen, sondern schon die Studienergebnisse selbst. Solange über das Abkommen noch verhandelt wird und seine Inhalte nicht klar sind, ist die Einschätzung der wirtschaftlichen Folgen eine Rechnung mit vielen Unbekannten. Die einschlägigen Studien arbeiten daher mit hypothetischen Annahmen, wie TTIP ausgestaltet werden könnte. Ihre Ergebnisse sind höchst unterschiedlich.

Das Münchener Ifo-Institut etwa geht davon aus, dass TTIP in Deutschland das Pro-Kopf-Einkommen um bis zu 4,7 Prozent steigern könnte – etwa zehn Jahre nach Inkrafttreten eines Abkommens und nur im Falle eines sehr ambitionierten Abkommens, über das Ifo selbst schreibt: „Hier handelt es sich um ein sehr optimistisches Szenario, welches erhebliche Unsicherheiten involviert." (1) Kritiker(innen) schrieben, die USA müssten der EU schon als Mitglied beitreten, um dieses Szenario Wirklichkeit werden zu lassen.

Eine zweite Studie, durchgeführt vom Centre for Economic Policy Research (CEPR) im Auftrag der Europäischen Kommission, prognostiziert eine Anhebung des Bruttoinlandsprodukts in der EU um 0,5 Prozent, zehn Jahre nach Inkrafttreten eines ebenfalls ambitionierten Abkommens. (2) Die Unterschiede sind gewaltig, die Unwägbarkeiten groß.

Als Grundlage für konkrete Versprechungen taugen die Studien kaum. Die Tendenz immerhin scheint klar: TTIP könnte Europa (wie auch den USA) positive Effekte bringen, allerdings in sehr überschaubarem Ausmaß. Ein „Jobwunder" werde TTIP nicht, urteilt zudem der Studienleiter des Ifo-Instituts, Gabriel Felbermayr. (3)

Einkommensverluste im Rest der Welt

Dennoch bestimmt die Aussicht auf mögliche wirtschaftliche Zugewinne weite Teile der öffentlichen Debatte über TTIP. Kaum erwähnt wird, dass eine Ankurbelung des Handels zwischen EU und USA auch Verlierer produziert: all die Länder, deren Produkte durch TTIP weniger attraktiv, das heißt weniger wettbewerbsfähig werden, die nicht nach Europa oder in die USA ausgeführt werden dürfen oder die weiterhin mit hohen Zöllen versehen werden, außerdem Produkte, die nach anderen Standards als den zwischen den TTIP-Partnern vereinbarten hergestellt werden und dadurch zusätzliche Kosten verursachen. Wer auch diese Auswirkungen betrachtet, stellt fest, dass TTIP „für die meisten restlichen Länder der Welt [...] mit Wohlfahrtsverlusten verbunden wäre." So fasst die Bertelsmann Stiftung, die nicht im Verdacht steht, allzu TTIP-kritisch zu sein, die brisanten Ergebnisse der von ihr beim Ifo-Institut in Auftrag gegebenen Untersuchung zusammen.

In der Studie werden die Ifo-Ökonom(inn)en konkreter. Würden zwischen der EU und den USA (nur) die Zölle abgebaut, wären „die großen Verlierer" ausgerechnet Entwicklungsländer: „Diese verlieren durch den verstärkten Wettbewerb auf dem EU- oder US-Markt dramatisch an Marktanteilen. [...] Wenn zwischen USA und EU die Zölle fallen, werden die relativen Marktzutrittsbarrieren für Entwicklungsländer im Durchschnitt höher. Es trifft also gerade die ärmeren Länder, und diese teilweise in deutlichem Ausmaß." (4)

Auf Anfrage der Verbraucherorganisation Foodwatch legte die Bertelsmann-Stiftung detaillierte Ifo-Berechnungen vor, wie sich das reale Pro-Kopf-Einkommen bei diesem „Zollszenario" entwickeln würde: Die größten Verlierer(innen) wären demnach die Menschen in Entwicklungsländern wie Guinea und der Elfenbeinküste. Ihr Einkommen sänke um 7,35 Prozent respektive 6,38 Prozent.

Nun ist kaum zu erwarten, dass sich TTIP auf den Wegfall der letzten für den transatlantischen Handel verbliebenen Zölle beschränkt. Das Ifo-Institut rechnete daher auch ein umfassenderes Abkommen durch. Die negativen Effekte durch den Wegfall von Zöllen fielen auch in diesem Szenario ins Gewicht. Sie würden jedoch, folgt man der Studie, teilweise verschoben, sodass andere Länder stärker betroffen wären – oder auch verringert, weil die Ifo-Wissenschaftler(innen) davon ausgehen, dass eine „tiefe Liberalisierung" den Wohlstand in EU und USA in einem solchen Maße verstärken könnte, dass auch die Nachfrage nach Produkten aus Drittstaaten steigen könnte. Fazit: „Es zeigt sich mehr noch als im Zollszenario, dass die traditionellen Handelspartner Europas und der USA durch das Abkommen Schaden erleiden. Die Verluste Kanadas, Mexikos, Japans, Australiens, von Chile oder Norwegen sind nun beträchtlich." Den länderspezifischen Berechnungen zufolge wären die größten Verlierer(innen) durch TTIP in diesem Szenario nun die Menschen in Kanada (minus 9,48 Prozent beim realen Pro-Kopf-Einkommen), gefolgt von Australien (minus 7,41 Prozent) und dem Schwellenland Mexiko (minus 7,24 Prozent). In den Entwicklungsländern sind die erwarteten Einkommensverluste teils geringer, aber immer noch deutlich: Um 5,95 Prozent sinken etwa die Einkommen im nordamerikanischen Belize, um 4,08 Prozent in Botswana und um 4,01 Prozent in Malawi.

Millenniumsziele konterkariert

Was die Vorhersage wirtschaftlicher Effekte für Europa und die USA angeht, gilt natürlich auch für die Prognosen für den Rest der Welt: Sie sind mit Vorsicht zu genießen und stehen auf äußerst wackligen Füßen. Beschränken wir uns also auch hier auf die Tendenz. Während EU und USA womöglich leichte Vorteile erwarten dürfen, müssen sich viele andere Länder eher auf Nachteile durch TTIP gefasst machen. Fest steht indes: Eine

negative respektive weniger positive Einkommensentwicklung bedeutet, dass mehr Menschen in den ärmsten Regionen der Welt in Armut leben würden als heute.
Für Entwicklungsländer droht TTIP damit zu einem echten Armutsprogramm zu werden. Es ist ein offenkundiger Widerspruch zu den entwicklungspolitischen Millenniumszielen, mit denen sich die Mitglieder der Vereinten Nationen auf den Kampf gegen Armut und Hunger eingeschworen haben. Womöglich deshalb sah die Bundesregierung sich bemüßigt, eine weitere Studie über die Folgen von TTIP in Auftrag zu geben – erneut beim Ifo-Institut. (5) Es ist die jüngste Publikation zu dieser Thematik, vorgelegt Anfang 2015. Und siehe da: Plötzlich war von „Entwarnung" die Rede. Ein Vertreter der Europäischen Kommission ließ sich gar zu der Bemerkung hinreißen, TTIP sei „eine große Goldgrube" für Entwicklungsländer.
Zauberei? Mitnichten. Bei näherer Betrachtung allenfalls ein reichlich fauler Zauber. Denn neue Erkenntnisse liefert die Studie, in Auftrag gegeben vom Bundesministerium für Wirtschaftliche Zusammenarbeit und Entwicklung (BMZ), nicht. Sie arbeitet nur mit neuen Annahmen und Empfehlungen. Ihr Fazit: „Per saldo wird es unter den Entwicklungsländern Gewinner, aber auch Verlierer geben. Für beide Gruppen sind die Effekte allerdings klein. Und es existieren zahlreiche Stellschrauben, um die Gruppe der Gewinner möglichst groß werden zu lassen."
Diese „Stellschrauben" haben es allerdings in sich. Die Ifo-Ökonom(inn)en unterstellen für ihre neue Arbeit sogenannte Spillover-Effekte. Gemeint ist damit, dass unter bestimmten Voraussetzungen TTIP auch in Drittländern zu einer Senkung der Handelskosten führen könnte. Im Klartext: Ohne solche Spillover-Effekte kein Happy-End für Entwicklungsländer. Doch wie wahrscheinlich sind solche Übertragungseffekte? Offenbar nicht sehr, sagt selbst das Ifo-Institut. Die „empirische Evidenz" sei „dünn", heißt es in der BMZ-Studie. Studienleiter Felbermayr schrieb an Foodwatch: „Ich halte Spillovers im Unterschied zur EU-Kommission nicht für Selbstläufer. Sie sind aber entscheidend dafür, dass die Entwicklungsländer nicht zu Verlierern werden."

Ein gerüttelt Maß an politischer Naivität

Um zum Laufen zu bringen, was kein „Selbstläufer" ist, schlagen die Ifo-Forscher(innen) einen ganzen Katalog von „Empfehlungen" vor – er soll positive Übertragungseffekte für die Entwicklungsländer zumindest „möglichst wahrscheinlich" machen. Allein: Die vorgeschlagenen Maßnahmen sind selbst nicht besonders wahrscheinlich. Ein Auszug: Die „gegenseitige Anerkennung von transatlantischen Standards" solle „möglichst weitgehend auf Drittstaaten angewandt" werden, heißt es da; „den Entwicklungsländern" solle „ein Platz in den Gremien zur Festsetzung zukünftiger Standards eingeräumt" werden, „das Abkommen so gestaltet [...], dass es eine glaubwürdige Perspektive der zukünftigen Teilnahme von Dritt- und Entwicklungsländern vorsieht". Außerdem wollen die Ökonom(inn)en „die WTO reformieren, sodass sie ihre Rolle als Anwalt auch kleiner und armer Länder in einem fairen Welthandelssystem gut ausfüllen kann". Der Wünsch-dir-was-Katalog liefe darauf hinaus, dass TTIP nicht wie ein Vertrag zwischen den USA und der EU wirkt, eher wie eine globale

Freihandelszone, der mehr oder weniger alle Länder beitreten sollen. Das ist fern der Realität, viele der vorgeschlagenen Maßnahmen liegen überhaupt nicht in der Entscheidungsgewalt von EU oder USA und können somit auch kein Gegenstand der TTIP-Verhandlungen sein. Vorschläge wie die Reform der Welthandelsorganisation und auch die Vorstellung, dass die USA und die EU Entwicklungsländer künftig an einem Gremium zur Verabredung zukünftiger Standards beteiligen, zeugen vor allem von einem gerüttelt Maß an politischer Naivität.
Alles in allem heißt das wohl: Nur durch Maßnahmen, die gar nicht auf der Agenda stehen oder deren Umsetzung äußerst unwahrscheinlich ist, könnte TTIP nach Einschätzung des Ifo-Instituts für die Entwicklungsländer gut ausgehen. Das ist Wissenschaft nach dem Pippi-Langstrumpf-Motto „Ich mach' mir die Welt, wie sie mir gefällt". Erst stellen die Ökonom(inn)en TTIP als Fiasko für Entwicklungsländer dar. Dann überlegen sie, welche Effekte dieses Fiasko vermeiden könnten. Sie halten diese Effekte zwar offenbar selbst nicht für sehr wahrscheinlich, denken sich aber (politisch wenig realistische) Maßnahmen aus, die diese dennoch ermöglichen sollen. Um dann zu unterstellen, dass dieses Unterfangen schon gelingen werde – und von Entwarnung zu sprechen. Die Bundesregierung, die sich selbst dem Kampf gegen Armut verpflichtet sieht, sollte tunlichst davon absehen, auf diese Art Stimmung pro TTIP zu machen. Den entscheidenden Verweis übrigens macht das Ifo-Institut in dieser bemerkenswert waghalsigen Studie selbst, und zwar bereits auf Seite 7: Dort heißt es mit Blick auf das TTIP-Verhandlungsmandat: „Die entwicklungspolitische Verträglichkeit wird allerdings unter den Zielen des Abkommens nicht explizit gefordert."

Anmerkungen

(1) Ifo-Institut (2013): Dimensionen und Auswirkungen eines Freihandelsabkommens zwischen der EU und den USA. Studie im Auftrag des Bundesministeriums für Wirtschaft und Technologie.
(2) Centre for Economic Policy Research (2013): Reducing Transatlantic Barriers to Trade and Investment. An Economic Assessment.
(3) Herwartz, Christoph: Das TTIP-Abkommen und die Folgen: „Freier Handel führt zu Ungleichheit". Interview mit Gabriel Felbermayr vom 18.2.2014 auf www.n-tv.de
Salavati, Nakissa: Studien zum Freihandelsabkommen. Malen nach Zahlen. Süddeutsche Zeitung Online vom 13.8.2014.
(4) Ifo-Institut (2013): Die Transatlantische Handels- und Investitionspartnerschaft (THIP). Wem nutzt ein transatlantisches Freihandelsabkommen? Studie im Auftrag der Bertelsmann-Stiftung.
(5) Ifo-Institut (2015): Mögliche Auswirkungen der Transatlantischen Handels- und Investitionspartnerschaft (TTIP) auf Entwicklungs- und Schwellenländer. Studie im Auftrag des Bundesministeriums für wirtschaftliche Zusammenarbeit und Entwicklung.

Zum Autor

Martin Rücker, geb. 1980, ist Leiter der Öffentlichkeitsarbeit bei Foodwatch.

Kontakt

Martin Rücker
E-Mail martin.ruecker@foodwatch.de

Zwei ökologische Perspektiven auf „Korridor D"

Mehr Netz mit weniger Kohle?

Von Mario Neukirch

Im Zuge der Debatte um die Energiewende in Deutschland ist über Bedarf, Nutzen und vor allem den Verlauf der großen Stromautobahnen heftiger Streit ausgebrochen. Während Bundesregierung, Energiekonzerne und Netzbetreiber an den massiven Ausbauplänen festhalten wollen, befürchten Kritiker, dass ein Großteil der angeblich für die Energiewende erforderlichen Stromautobahnen gebaut wird, um Braunkohlestrom ins Ausland zu verkaufen. Angesichts der Planung einer Gleichstromtrasse, die aus der Region Halle (Sachsen-Anhalt) nach Nordbayern verlaufen soll, hat sich die Lage im Sommer 2014 zugespitzt. Besonders im Freistaat machen Bürgerinitiativen gegen den sogenannten „Korridor D" mobil. Unterstützung erhalten sie von Ministerpräsident Horst Seehofer, der sich vehement gegen das Vorhaben ausspricht. Als Reaktion auf die Proteste hat das Bundeswirtschaftsministerium (BMWi) ein Moratorium über das Projekt verhängt.

Für die Öffentlichkeit bleibt im Dunkel, inwieweit die Befürworter(innen) den Grund des Ausbaus für spezifische Interessen instrumentalisieren. Netzbetreiber erhalten beispielsweise eine gesicherte Verzinsung von circa neun Prozent auf Investitionen in den Leitungsbau. Sie befürworten den Stromhandel mit den Nachbarländern, da er ihnen zusätzliche Einnahmen einbringt. Die Energiekonzerne hoffen, ihre Kraftwerke trotz steigender Anteile regenerativer Energien auch zukünftig lohnend betreiben zu können. Und auch die Energiepolitik des BMWi hat die zentralen Aspekte Versorgungssicherheit und Wirtschaftlichkeit stets auf traditionalistische Weise interpretiert. Unter Ausblendung externalisierter Kosten und dem Kleinrechnen von Subventionen wird noch immer behauptet, konventionelle Energien seien kostengünstiger als Wind und Sonne.

Vertrauen großteils verspielt

Der erneute Atomausstieg von 2011 war ein wichtiger Schritt zur Energiewende, den die Kanzlerin vor allem deshalb glaubwürdig vertreten konnte, weil er von der Stilllegung älterer Reaktoren begleitet war. Jedoch hat die Bundesregierung seitdem – besonders wegen ihrer Kohlepolitik – einen Großteil des Vertrauens der Bürger(innen) darauf, dass die Energiewende über den Atomausstieg hinaus fortgesetzt wird, verspielt. Die Gelassenheit, mit der sich die Regierung zumindest in der Vergangenheit damit arrangiert hat, das wichtige Klimaschutzziel für 2020 preiszugeben, stellt den Ernst der klimapolitischen Ambitionen infrage. Diese Unsicherheit über die Zukunft der Energiewende nährt den Verdacht, dass der Netzausbau nicht so grün ist wie behauptet.

Das Besondere an der Auseinandersetzung um Korridor D liegt nicht allein in ihrer Schärfe und in der Zuspitzung auf das Thema Braunkohle. Wenn jemand die Energiewende nicht instrumentalisiert, dann sind das die Naturschutzverbände. Dass viele von ihnen – unter anderem die Deutsche Umwelthilfe (DUH), der Naturschutzbund Deutschland (NABU), WWF Deutschland – die vollständige Umsetzung des geplanten Netzausbaus befürworten, verdient Beachtung. Aus der Riege der großen Naturschutzorganisationen befindet sich nur der Bund für Umwelt- und Naturschutz (BUND) explizit auf Seiten der Projektgegner(innen).

Pro und kontra Korridor D

Aus ökologischer Sicht lässt sich wie folgt pro Korridor D argumentieren: Bis zum Jahr 2022 sollen in Bayern vier AKWs stillgelegt werden, deren gesicherte Leistung von circa fünf Gigawatt zu ersetzen ist. Da der Bau neuer Kraftwerke und Speicher in Bayern als unwirtschaftlich gilt, bleibt die Möglichkeit zum Stromimport. In einer Presseerklärung des NABU heißt es, „dass die laufenden Planungen [...] nicht neu aufgerollt werden" müssten. (1) Geschäftsführer Leif Miller zufolge „lässt sich aus den Eckdaten und Szenarien für die Energiewende in den kommenden zehn Jahren ein erheblicher Ausbaubedarf der Stromnetze ableiten". Grundsätzlich erachtet man die Verfahren zur Ermittlung des Bedarfs unter Federführung der Bundesnetzagentur als legitim: „Die Gleichstromverbindungen, deren energiewirtschaftliche Notwendigkeit nach umfangreicher öffentlicher Konsultation [...] festgestellt worden ist, sollen künftig den im Norden und Osten produzierten Windstrom in den verbrauchsstarken Süden transportieren." Christoph Bals von Germanwatch fordert in der gleichen Pressemitteilung, „Bundesnetzagentur und Übertragungsnetzbetreiber sollten den frühzeitigen, transparenten Dialog [...] weiterführen. Das ist eine Grundlage für den Atomausstieg auch in Bayern, ohne dass der Strompreis dort explodiert." Auch die Deutsche Umwelthilfe hat sich klar von der Intervention Seehofers distanziert. (2) Diese Position entspricht damit der Meinung der Bundesregierung.

Gemeinsam mit den Protestinitiativen fordert der BUND einen Neustart der Planungen: „Die Stromtrassen-Pläne gehören auf den Prüfstand. Überprüft werden muss vor allem, ob die vorgeschlagenen Stromtrassen überhaupt notwendig sind. Stattdessen machen die Netzbetreiber und die Bundesregierung Druck unter anderem für den Bau der Gleichstromtrasse vom Osten Deutschlands nach Bayern." (3) In seiner Pressemitteilung zitiert der BUND auch Christian von Hirschhausen vom Deutschen Institut für Wirtschaftsforschung, der den Bau von Korridor D ablehnt: „Im Kontext der Energiewende ist vor allem die Ost-Süd-Stromtrasse in der geplanten Form überflüssig. Diese Leitung soll klimaschädlichen Braunkohlekraftwerken möglichst viele Volllaststunden ermöglichen. Damit konterkariert diese Planung die Klimaschutzziele der Bundesregierung." Zu ähnlichen Einschätzungen gelangt Wirtschaftswissenschaftler Lorenz Jarass von der Hochschule Wiesbaden, der wie Hirschhausen die Netzausbaupläne seit Jahren kritisch hinterfragt. (4) Der Netzausbaubedarf ziele nicht primär auf die Energiewende, vielmehr werde der Bedarf an neuen Netzkapazitäten bewusst so hoch kalkuliert, damit Braunkohlekraftwerke auch bei Starkwind voll weiterlaufen und Strom exportieren könnten. Zudem ließe sich der Bedarf mindern, indem seltene Windspitzen „abgeschnitten" und die erforderliche Übertragungskapazität auf eine Einspeisung von höchstens 70 Prozent begrenzt würde. Des Weiteren seien für die Wirtschaftskalkulation die betriebswirtschaftlichen und sozialen Kosten des Netzausbaus zu berücksichtigen. Dann wäre der als Alternative zu Korridor D vorgeschlagene Bau von Gaskraftwerken nicht länger unwirtschaftlich.

Wer hat Recht?

Grundsätzlich sind beide Positionen mit der Fortführung der Energiewende kompatibel. Die Pro-Position zielt auf einen großskalierten Ausbau des Übertragungsnetzes. Denn nicht nur Bayern, sondern auch Baden-Württemberg und Nordrhein-Westfalen können den Eigenbedarf wohl auch zukünftig nicht komplett aus regionalen erneuerbaren Energien decken. Sollen keine eigenen fossilen Kraftwerke mehr betrieben werden, bleibt nur der Energieimport. Dazu bestehen unterschiedliche Optionen wie Offshore-Windenergie, Wasserkraft aus Skandinavien und vielleicht auch synthetisches Erdgas aus überschüssiger Windenergie. Für ein Stromnetz mit hohen Anteilen von Wind- und Solarenergie gilt: Je größer das Netz, desto eher können sich wetterbedingte Schwankungen über weite Strecken ausgleichen. Unter der Voraussetzung einer tatsächlichen Umstellung auf regenerative Energien in den kommenden Jahrzehnten ist eine großdimensionierte Netzerweiterung in Nord-Süd-Richtung ein in gewissem Umfang notwendiger Schritt.

Andererseits lässt sich gegen die Pro-Position einwenden, sie gewähre den etablierten Akteuren einen unangemessen hohen Vertrauensvorschuss. Denn die Befürwortung des Netzausbaus fördert die Akzeptanz zum Aufbau einer Infrastruktur, die nicht nur für eine erneuerbare Komplettversorgung geeignet ist, sondern auch eine langfristige Koexistenz aus regenerativen und konventionellen Energien ermöglicht. Im allgemeinen Optimismus hinsichtlich einer grünen Zukunft scheinen einige Naturschutzverbände bereit, die verstärkte Kohleproduktion übergangsweise hinzunehmen. Ein knapp kalkuliertes Netz würde hingegen die Fortsetzung der Braunkohle-Renaissance erschweren. Umgekehrt gilt: Je weniger Reserven vorhanden sind, desto mehr werden die verbrauchsstarken Regionen trotz Energiewende auf eigene fossile Kraftwerke angewiesen sein.

Grundsätzlich sind beide Positionen nachvollziehbar: auf der einen Seite der optimistische Standpunkt, der implizit den Ausbau regenerativer Energien jenseits von 2020 voraussetzt, auf der anderen Seite eine eher skeptische Position, die für ein vorsichtiges Auf-Sicht-Fahren plädiert. Letztere birgt die Gefahr, dass der Windenergieausbau im Norden mangels Transportkapazität nach Süddeutschland perspektivisch ins Stocken gerät.

Mehr Entschlossenheit gefordert

Gesellschaftliche Mehrheiten für den ökologischen Umbau bestätigen Umfragen immer wieder, daher ist ein gewisser Optimismus berechtigt. Heute liegt es an der Bundesregierung und besonders dem BMWi, hinsichtlich ihrer Absichten für Klarheit zu sorgen. Umwelt- und klimapolitisch begründete

Weichenstellungen für den Kohleausstieg stehen an. Notwendig wäre ein Schritt vergleichbarer Entschlossenheit, wie ihn die Kanzlerin 2011 in der Atompolitik gegangen ist. Denkbar sind die kurzfristige Stilllegung alter Kohlekraftwerke, ein Gesetz zum Kohleausstieg spätestens 2040 sowie ein genereller Erschließungsstopp neuer Fördergebiete. Leider hatte Sigmar Gabriel lange Zeit die Auseinandersetzung mit der Kohleindustrie und den Parteikollegen der Braunkohleländer - Nordrhein-Westfalen und Brandenburg - gemieden. Jüngst brachte er allerdings die Einführung eines „nationalen Klimabeitrags" ins Gespräch, um das Klimaziel für 2020 doch noch zu erreichen: Dazu soll der Betrieb alter Kohlekraftwerke, die besonders ineffizient und klimaschädlich sind, ab 2017 unattraktiver werden. Davon, dass es Gabriel mitnichten um einen verkappten Ausstiegsbeschluss geht, zeugt, dass 90 Prozent der Kohlekraftwerke von der Regelung komplett ausgenommen sind. Nun ist gerade die Braunkohle eine der letzten großen Bastionen der alten Energiewelt. Daher genügte selbst diese zaghafte Initiative, um den geballten Widerstand der Kohlelobby auf den Plan zu rufen. Trotzdem muss die Bundesregierung ihren Schaukelkurs beenden und eine Systementscheidung treffen, die nur zugunsten der Energiewende erfolgen kann. Niemand sollte erwarten, dass die lokale Bevölkerung und die Öffentlichkeit den Bau neuer Leitungen duldet, sofern nicht ausgeschlossen ist, dass auf diese Weise noch über Jahrzehnte hinweg der Abtransport von Braunkohlestrom garantiert wird. Solange diese Unklarheiten nicht ausgeräumt sind, sollten kontroverse Projekte wie Korridor D auf Eis gelegt werden.

Anmerkungen

(1) NABU: „Energiewende braucht stabile Nord-Süd-Verbindungen statt Kleinstaaterei - Umweltverbände fordern sorgfältigen Stromnetz-Ausbau nach Bedarf statt nach Belieben." Pressemitteilung vom 7.10.2014.

(2) Deutsche Umwelthilfe: „Seehofer blockiert Energiewende." Pressemitteilung vom 2.10.2014.

(3) Bund für Umwelt- und Naturschutz: „Strom-Netzplanung muss auf den Prüfstand. Vor allem die Ost-Süd-Stromtrasse nach Bayern." Pressemitteilung vom 21.11.2014.

(4) Jarass, Lorenz: Reform des EEG: Verbrauchsvorrang für Erneuerbare Energien wieder einführen, Einspeisegarantie für Kohlestrom abschaffen. In: Zeitschrift für neues Energierecht 6/2013, S. 572-580.

Zum Autor

Mario Neukirch, geb. 1974, ist wiss. Mitarbeiter am Institut für Sozialwissenschaften der Universität Stuttgart. Seine Schwerpunkte sind Transformation von Energiesystemen, Techniksoziologie und Protestforschung.

Kontakt

Dr. Mario Neukirch
Universität Stuttgart
Institut für Sozialwissenschaften
Seidenstraße 36, D-70174 Stuttgart
E-Mail mario.neukirch@sowi.uni-stuttgart.de

Die Ökonomisierung von Biodiversität und Ökosystemen

Von Fallstricken und wirklichen Lösungen

Von Felix Ekardt

Ökonomische Konzepte gewinnen in Umweltdebatten, etwa zum Thema Naturschutz und Biodiversität, verstärkt an Einfluss. (1) Sie unterteilen sich einerseits in ökonomische Politikinstrumente, also den Versuch, das Verhalten zugunsten von mehr Umweltschutz durch Preise zu steuern, etwa über Abgaben oder Zertifikatmärkte wie den EU-Emissionshandel. Zum anderen geht es um die ökonomische Bewertung von Natur, die Fragen nach sich zieht wie: Welches Maß an Natur-, Gewässer- oder Klimaschutz wäre optimal? Das richtige Maß in Geld auszurechnen ist das Ziel der ökonomischen Bewertung oder Kosten-Nutzen-Analyse. Bezogen auf die Biodiversität lautet die Antwort beispielsweise: möglichst viel Nutzen und möglichst wenig Umweltschäden, und zwar bitte so, dass die dafür nötige Politik nicht übermäßig viel kostet und möglichst noch andere monetäre Vorteile wie etwa Wachstum hat. Das klingt einleuchtend, doch es gibt ein großes Problem: Hinter den „klaren Zahlen" der ökonomischen Bewertung verbergen sich komplexe Annahmen hinsichtlich der Fakten und bestimmter Wertungen. Sind diese Annahmen falsch, ist auch das Ergebnis keineswegs so objektiv und rational, wie Ökonom(inn)en oft vorgeben, so sehr klare Zahlen Politiker(inne)n und Medien auch attraktiv erscheinen mögen.

Die berühmteste umweltökonomische Kosten-Nutzen-Analyse, Nicholas Sterns Report von 2006, unterstreicht den ökonomischen Nutzen, den Klimaschutzpolitik bereits auf kurze Sicht hat. Umweltschutz ist oft erst recht langfristig ökonomisch nützlich, denn ein Klimawandel mit Ernteausfällen, Stürmen, entvölkerten Landstrichen und riesigen Migrationsströmen wäre um ein Mehrfaches teurer als eine wirklich einschneidende Klimapolitik. Ebenso zeigt aktuell der TEEB-Prozess (The Economics of Ecosystems and Biodiversity), der international eine Ökonomisierung von Biodiversität vorantreiben möchte, dass Ökosystemleistungen durch Funktionen wie die Reinigung von Luft oder Wasser etwas erbringen, was man sonst am Markt für bares Geld einkaufen müsste. Schon wegen dieser ganz handfesten Um-

Nachhaltigkeit – der Begriff hat in vielen Medien keine Konjunktur. Diese Zurückhaltung hat ihren Preis: Man bleibt häufig an der Problemoberfläche. Nachhaltigkeit ist beim größten deutschen Umweltverband, der zwei große Studien über ein zukunftsfähiges Deutschland initiiert hat, und der *politischen ökologie* seit vielen Jahren gut aufgehoben. Deshalb suchen sie die Zusammenarbeit: In jeder Ausgabe gibt es an dieser Stelle einen Beitrag von einem BUND-Autor oder einer BUND-Autorin.

Bund für Umwelt und Naturschutz Deutschland
BUND
FRIENDS OF THE EARTH GERMANY

stände kann Umweltschutz jedenfalls langfristig als ökonomisch sehr nützlich gelten. Das heißt jedoch nicht, dass die Zielfindung der Umweltpolitik einschließlich der Abwägung aller möglichen Vor- und Nachteile am besten so gelingt, wenn diese alle in einen Geldwert übersetzt werden und dann das optimale Verhältnis ausgerechnet wird.

Wert der Natur nur schwer kalkulierbar

Das erste große Problem ökonomischer Bewertungen von Umweltgütern wie Biodiversität oder des Klimas ist: Umweltökonom(inn)en unterschätzen oft die ökologischen Fakten. So unterschätzen sie bereits die ökonomisch prinzipiell gut fassbaren Umweltschäden. Ferner möchten sie Umweltschäden meist teilweise durch Wirtschaftswachstum ausgleichen. Doch die Idee unendlichen Wachstums stößt in einer endlichen Welt irgendwann an Grenzen; die Frage ist allenfalls wann. Auch wenn wir massiv Solarenergie nutzen, bleiben die sonstigen Ressourcen dieser Welt endlich. Zudem sind nicht alle Umweltprobleme rein technisch lösbar – etwa durch mehr Effizienz und mehr erneuerbare Ressourcen. Neue Technik kann wachstumskompatibel sein, Verhaltensänderungen wie das Unterlassen von Flugreisen sind es dagegen eher nicht. Gegen die Möglichkeit ewigen Wachstums spricht auch das Ausmaß der ökologischen Herausforderungen.

Das zweite Problem ökonomischer Bewertungen, etwa von Biodiversität, ist: Wesentliche Kosten und Nutzen von Umweltschäden und Umweltpolitik lassen sich ökonomisch nicht abbilden. Millionen Tote und Ressourcenkriege um Wasser etwa aufgrund des Klimawandels würden zwar auch ökonomische Kosten auslösen. Es ist aber offenkundig, dass sich das eigentlich Fatale an solchen Entwicklungen mit dem Hinweis auf Kriegs- und Krankenhauskosten nur zu einem Bruchteil erfassen lässt. Gleiches gilt für die genaue ökonomische „Leistung" von Ökosystemen. Die Wasserfilterungskapazität von Böden mag abstrakt einen Marktpreis haben. Doch wie will man ihren Wert ausrechnen? Wenn sich allein schon aufgrund der Unsicherheit künftiger Entwicklungen gar nicht exakt sagen lässt, mit welcher Wahrscheinlichkeit sie in welchem Ausmaß beeinträchtigt werden wird?

Da hilft es auch nicht, wenn Ökonom(inn)en diese „weichen" Faktoren oft doch noch zu Geld machen, indem sie die hypothetische Zahlungsbereitschaft der Menschen für die Artenvielfalt, fürs stabile Klima und ihr eigenes Überleben in die Kosten-Nutzen-Analyse einbeziehen. Denn das wäre fiktiv und irreal; es gibt keinen Markt, der uns sagt, was ein Leben „kostet". Überdies ist die Zahlungsbereitschaft naturgemäß durch die Zahlungsfähigkeit beschränkt. Soll etwa Bill Gates' Leben zehn Milliarden US-Dollar zählen, das Leben eines Bangladeschis dagegen nur einen Dollar, weil dieser einfach nicht mehr Geld hat? Nur weil dessen Leiden am Klimawandel räumlich weit entfernt liegt, zählt es außerdem nicht weniger, auch wenn Ökonom(inn)en das meist annehmen.

Das dritte Problem ökonomischer Bewertungen ist, dass sich freiheitliche Demokratien auf einen Verfassungsrahmen und innerhalb dessen auf repräsentativ-demokratische Mehrheitsentscheidungen berufen – und nicht auf eine demoskopische Meinungserhebung in realitätsfernen Laborsituationen. Man könnte zwar fragen: Warum überlassen wir all dies nicht dem freien Belieben der Konsument(inn)en, wenn man täglich sieht, dass uns Urlaubsflüge und Autofahrten nun einmal mehr Geld wert sind als stabile Ökosysteme? Das Problem ist aber eben: Freiheit ist nicht nur die Freiheit zahlungskräftiger Konsumierender, sondern auch die Freiheit der Bangladeschis und künftiger Generationen, die beide heute am freien Markt mangels Kaufkraft kaum präsent sind und die massiv unter den Folgen etwa der Naturzerstörung leiden (werden). Sicherlich kann man den Beeinträchtigungsgrad von Freiheiten manchmal auch ökonomisch präziser ermitteln. Das gilt, wenn man ökonomisch gut fassbare Schäden errechnet. Das ist dann aber nur eine Unterstützung und kein Ersetzen gesetzgeberischer und administrativer Entscheidungen. Und es liefert auch nur monetär gut fassbare Fakten – und keine umfassende Monetarisierung der Vor- und Nachteile politischer Strategien.

Ökonomische Instrumente, das schärfste Schwert der Umweltpolitik

Nun denken viele, wer ökonomische Bewertungen kritisiert, müsse auch verhaltenssteuernde Politikinstrumente wie Umweltabgaben oder Zertifikatmärkte ablehnen. Die Denkverbindung kommt daher, dass einige Ökonom(inn)en beides verknüpfen, indem sie durch eine Kosten-Nutzen-Analyse den optimalen Umweltzustand „ausrechnen" und dann die Abgabenhöhe so vorschlagen, dass exakt dieser optimale Umweltzustand mittelfristig erreicht wird. Doch genau dieses Ausrechnen des optimalen Umweltzustands scheitert wie gesehen. Allerdings lassen sich Abgabenhöhen oder Mengenbegrenzungen bei Zertifikatmärkten auch als politische Entscheidung auffassen. Wer ökonomische Bewertungen und ökonomische Instrumente in einen Topf wirft, macht deshalb einen entscheidenden Fehler.

Bepreisungen durch Abgaben oder Zertifikatmärkte sind nämlich im Großen und Ganzen das schärfste Schwert der Umwelt- und auch der Naturschutzpolitik. Verteuern sich Ressourcen schrittweise, werden sie auch weniger genutzt, sofern die Preiserhöhungen wirklich einschneidend sind. Denn Umweltprobleme sind zu einem großen Teil Mengenprobleme. Daran schießt der rein ordnungsrechtliche Umweltschutz etwa im Naturschutzrecht notorisch vorbei. Er scheitert in wesentlichen Teilen an Rebound- und Verlagerungseffekten, von Vollzugsproblemen mal ganz abgesehen. Das europäische und deutsche Naturschutzrecht versucht die Natur durch Verbote, ihrem Hauptinstrument, zu schützen. Doch nur absolute Gesamtbegrenzungen über geografische Räume und Sektoren hinweg verhindern Rebound- und Verlagerungseffekte sowie Vollzugsprobleme. Diese Probleme können Abgaben oder Zertifikatmärkte gerade vermeiden, wenn sie durch alle Sachbereiche und auf breiter geografischer Basis eine Ressource verteuern.

Will man Natur durch Preisanreize besser schützen, ist es allerdings – entgegen der Meinung vieler Ökonom(inn)en – keine gute Idee, direkt Biodiversität und Ökosysteme verteuern zu wollen. Dafür sind sie zu wenig fassbar. Übersieht man das, sind Scheinlösungen im Naturschutz Tür und Tor geöffnet. Deshalb muss man an relativ allgemeine und leicht messbare Faktoren anknüpfen –

also beispielsweise die konventionelle Landwirtschaft mit Abgaben belegen, denn sie beschädigt die Biodiversität am meisten. Ein zentraler Kandidat für die systematische Verteuerung wären fossile Brennstoffe. Würde man diese konsequent, am besten quer durch alle Lebensbereiche und geografisch raumgreifend verteuern, hätte dies nicht nur den Schutz des Klimas zur Folge. Es würde auch Mineraldünger verteuern und damit die Folgen der konventionellen Landwirtschaft verringern, die mit Biodiversitätsverlusten, Bodendegradation, Nitratproblematiken und Grundwasserbelastungen einhergeht. Unabhängig von alledem bleibt ein ergänzender (!) ordnungsrechtlicher Schutz beispielsweise wertvoller Gebiete und Arten im Naturschutz sinnvoll.

Anmerkung

(1) Ausführlich zum gesamten Gegenstand des Artikels: Ekardt, Felix/Hennig, Bettina (2015): Ökonomische Instrumente und Bewertungen der Biodiversität. Lehren für den Naturschutz aus dem Klimaschutz? Marburg.

Zum Autor

Felix Ekardt, geb. 1972, leitet die Forschungsstelle Nachhaltigkeit und Klimapolitik in Leipzig und lehrt Öffentliches Recht und Rechtsphilosophie an der Universität Rostock. Er sitzt im Wiss. Beirat des BUND und ist sächsischer BUND-Landesvorsitzender.

Kontakt

Prof. Dr. Felix Ekardt, LL.M., M.A
Forschungsstelle Nachhaltigkeit und Klimapolitik
Könneritzstraße 41
D-04229 Leipzig
Fon ++49/(0)341/926 08 83
E-Mail felix.ekardt@uni-rostock.de

Wohlstand und Ressourcenverbrauch

Ohne Entkoppelung keine Zukunft

Von Ernst Ulrich von Weizsäcker

Entkoppelung muss zum neuen großen ökologischen Schlagwort werden. Entkoppelt werden soll das, was wir alle wollen, von dem, was wir alle reduzieren wollen. Wir wollen Wohlstand oder Wohlergehen und wir wollen, dass die Zerstörung der Natur und der Biodiversität, die globale Erwärmung, das Ausräubern mineralischer Ressourcen endlich zurückgehen und schließlich aufhören oder sich die Nutzung der Natur auf einem nachhaltigen Niveau stabilisiert. Eigentlich nichts Neues. Als Willy Brandt vor 50 Jahren den „blauen Himmel über der Ruhr" forderte, war dies ebenfalls eine Entkopplungsforderung: Wir wollen ein florierendes Industriegebiet, aber wir wollen, dass die gesundheitsschädigende Luftverpestung aufhört. Und die heutigen Klimaverhandlungen kann man auf die Formel bringen: Wir wollen Wohlstand weltweit, aber mit immer weniger Treibhausgasen.

Beim Ruhrgebiet und bei der Wasserqualität unserer Seen und Flüsse ging es um die Beseitigung oder drastische Verminderung von Schadstoffen. Das ließ sich im Wesentlichen durch das Abfangen der Schadstoffe „am Ende der Röhre" – at the End of the Pipe – erreichen, auch wenn es sich im Laufe der Zeit als rational herausstellte, schon das Entstehen von Schadstoffen so früh wie möglich zu unterbinden. Aber weder die Filtertechniken am Ende der Röhre noch die Prozessreinigungen wären realisiert worden ohne gesetzliche Vorgaben, also handfeste Eingriffe in das Wirtschaftsgeschehen. Diese hat die Wirtschaft anfangs entsprechend bekämpft, immer mit der Drohung auszuwandern, wenn die Eingriffe der Rentabilität wehtäten. Die politischen Mehrheiten waren aber meist auf der Seite des Umweltschutzes, weil dieser auch als Politik für unsere Gesundheit galt und vor allem weil die Schadstoffumweltpolitik nicht zu nennenswerten Eingriffen in unser Konsumverhalten führte.

Noch keine Entkopplung in Sicht

Bei den Treibhausgasemissionen und -konzentrationen, bei der Stabilisierung der Biodiversität und bei der Schonung von Wasser- und mineralischen Ressourcen ist die Entkoppelung noch in ganz weiter Ferne. Warum eigentlich? Wo liegt der Unterschied zur Schadstoffpolitik? Bei der Schadstoffminderung werden Input und Volumen der Produktion praktisch nicht tangiert. Bei mineralischen Ressourcen hingegen geschieht dies per definitionem. Gewiss lässt sich durch Recycling von Ressourcen das Volumen der schließlich verfügbaren Gütermenge bei gleichzeitiger Minderung der Mineralienextraktion hochhalten, aber die wirksamste Form der Ressourcenschonung ist Langlebigkeit von Produkten oder Verzicht auf Produkte, beides bedeutende Änderungen des derzeitig vorherrschenden Konsumverhaltens. Ähnlich bei Treibhausgasen: Sie sind eng korreliert mit dem Input fossiler Brennstoffe. Gewiss kann man CO_2 in gewissem Umfang abfangen und vergraben (Carbon Capture and Storage, CCS) und mit erneuerbaren Energien den Energieinput von der fossilen Komponente abkoppeln. Aber CCS heißt Geld verbaggern, und alle erneuerbaren Energien haben nicht nur einen ökonomischen, sondern auch einen ökologischen Preis. Und ohne Änderung des Konsumverhaltens ist die Wende zu erneuerbaren Energien auch kaum zu haben.

Das 2007 vom UN-Umweltprogramm (UNEP) eingerichtete International Resource Panel hat sich die Entkoppelung zur programmatischen Aufgabe gemacht. Ein erster Entkoppelungsbericht zeigte allerdings in erster Linie die erdrückende Tatsache, dass eine Entkoppelung noch gar nicht stattfindet (vgl. Abb. 1). (1)

Nach dieser Bestandsaufnahme stellt sich die politische Aufgabe der Entkoppelung umso dringlicher. Doch wie können wir sie lösen? Hier gibt es zwei Strategien: das Ernstnehmen der Potenziale der Energie- und Materialeffizienz und eine Steuerung, die die Effizienz immer lukrativer macht und gleichzeitig dem Rebound-Effekt zu Leibe rückt.

Das Potenzial der Effizienz wird gemeinhin dramatisch unterschätzt. Man redet gern

1 Globaler Zusammenhang zwischen Ressourcenverbrauch und Einkommen

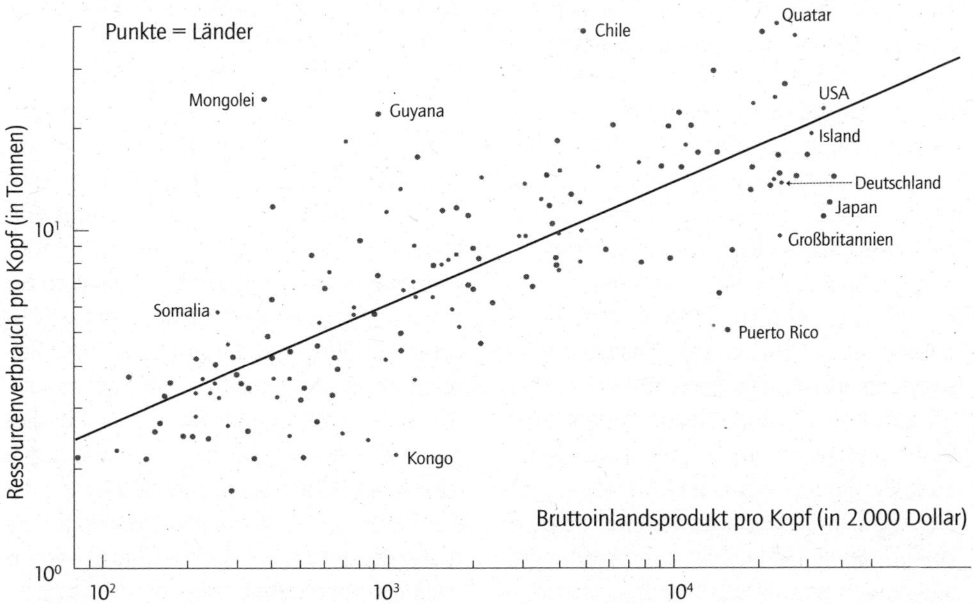

_ Quelle: International Resource Panel (UNEP) (2011): Decoupling Natural Resource Use and Environmental Impacts from Economic Growth. Nairobi, S. 14

mit hörbarem Stolz über Effizienzgewinne im Bereich von zehn oder 20 Prozent. In Wirklichkeit muss man Effizienzgewinne in der Gegend von 300 oder 1.000 Prozent anstreben. Wenn wie im Passivhaus der gleiche Wärme- oder Kühlungskomfort mit einem Zehntel des Energieinputs machbar ist oder mit der LED die Lichtausbeute mit einem Zehntel des Stroms, erhält man ziemlich viel Klimaschutz mit sehr geringen Änderungen des Konsumverhaltens. Ein Zehntel des Inputs bei gleichem Output ist eine 900-prozentige Steigerung der Effizienz!

In dem Buch „Faktor Fünf" wird untersucht, ob in den vier wichtigsten Wirtschaftsbereichen, Gebäude, Industrie, Verkehr und Landwirtschaft eine Verfünffachung der Ressourcenproduktivität, also eine 400-prozentige Effizienzsteigerung möglich ist. (2) In allen Sektoren ist die Antwort positiv, auch in der Stahl- und Zementindustrie, in ganzen Verkehrssystemen und in der Landwirtschaft, speziell bezüglich der Wassereffizienz. Neue Formen der Tropfenbewässerung erlauben im Vergleich zur Schwemmbewässerung tatsächlich einen Faktor Fünf.

Effizienz bringt Wachstumsschub

Historisch sind die Effizienzgewinne immer wieder vom Rebound-Effekt aufgefressen worden. Schon der Ökonom William Stanley Jevons beobachtete und beschrieb mit Sorge, dass die Erfindung der hocheffizienten Dampfmaschine nicht etwa zu einer Minderung des Kohlebedarfs geführt hatte, sondern im Gegenteil zu einer explosiven Zunahme desselben. (3) Der Rebound-Effekt hieß früher auch und heißt im angelsächsischen Raum immer noch das Jevons-Paradox.

Besonders dramatisch ist der Rebound-Effekt bei künstlichem Licht: In 300 Jahren hat sich die Effizienz der Lichterzeugung von der Tranfunzel zur LED um acht Zehnerpotenzen verbessert, und gleichzeitig hat die erzeugte Lichtmenge um acht Zehnerpotenzen zugenommen. (4)

Gewiss gibt es auch Stimmen, die den Rebound-Effekt vollständig leugnen (was Unsinn ist) oder ihn mit sorgfältigen Untersuchungen auf lediglich fünf bis 30 Prozent veranschlagen. (5) Was diese Kritiken typischerweise außer Acht lassen, ist der generelle Wachstumsschub durch Effizienz. Zwar mag die spezifische Handlung, etwa die Kilometerleistung eines Autos, nur um fünf oder 30 Prozent zunehmen. Aber wenn man deutlich weniger Geld für Benzin auszugeben hat, bleibt mehr Geld für andere Konsumgüter oder Dienstleistungen, und dieser Konsum kann direkt oder indirekt die Energiebilanz oder sogar die Treibstoffbilanz zusätzlich belasten.

Die eigentliche Frage ist, welche politische Eingriffsmöglichkeiten es gäbe, die erstens die Effizienz immer rentabler machen, zweitens den Rebound-Effekt deutlich vermindern, vielleicht sogar auslöschen, und drittens stabile politische Mehrheiten auf sich vereinigen könnten. Mit ordnungsrechtlichen Instrumenten wie dem Verbot von Glühbirnen, CO_2-Grenzwerten für PKW oder Rückgabepflichten für Gebrauchsgüter lässt sich zwar der spezifische Verbrauch von Energie oder Stoffen reduzieren, nicht aber der absolute. Man wird um ökonomische Instrumente nicht herumkommen, die den Ressourcenverbrauch direkt verteuern, um ihn dadurch zu senken. Dies ist auch die Überlegung im Schlusskapitel des zweiten Entkopplungsberichts des International Resource Panels. (6) Der hier diskutierte Vorschlag lautet im Kern so: Erhöhung der Preise für Energie und gegebenenfalls für Mineralien und Wasser in jährlichen, kleinen Schritten, immer proportional zu den durchschnittlichen Effizienzgewinnen im Vorjahr. So bleiben die durchschnittlichen monatlichen Kosten für Ressourcen konstant, aber der Anreiz, die Effizienz weiter zu erhöhen, steigt stetig. Ein Sozialtarif vermeidet soziale Schieflagen und eine vereinbarte Aufkommensneutralität für allenfalls gefährdete Branchen kann verhindern, dass es einen Exodus von Branchen gibt. Ausdrücklich erwähnt der Bericht die Analogie zur laufenden Erhöhung der Arbeitsproduktivität parallel zur Erhöhung der Bruttolöhne; die hat sich ja in anderthalb Jahrhunderten gut und gerne verzwanzigfacht. Das Instrument zur Erhöhung der Preise sind natürlich Ressourcensteuern. Aber sie sollen in keiner Weise zur Erhöhung der Gesamtsteuerlast führen. Dieser Preispfad soll natürlich auch das Verhalten verändern, aber eben so langsam, dass der kulturelle und der Wertewandel Schritt halten kann. Wenn sich im Volk die Einsicht verbreitet, dass dieser Preispfad die mildeste und sozialverträglichste Form ist, um die Katastrophen abzuwenden, die wir den nach uns kommenden Generationen sonst aufbürden, sollten sich auch politische Mehrheiten für diesen Weg aufbauen lassen.

Anmerkungen

(1) International Resource Panel/UNEP (2011): Decoupling Natural Resource Use and Environmental Impacts from Economic Growth. Nairobi. Leitautoren: Marina Fischer-Kowalski und Mark Swilling.

(2) Von Weizsäcker, Ernst Ulrich/Hargroves, Karlson et al. (2010): Faktor Fünf. Die Formel für nachhaltiges Wachstum. München.

(3) Jevons, William Stanley (1865): The Coal Question. London.

(4) Tsao, Jeffrey Y./Saunders, Harry D. et al.: Solid-state Lighting: An Energy-economics Perspective. In: Journal of Physics D: Applied Physics 35/2010. Saunders, Harry D./Tsao, Jeffrey Y.: Rebound Effects for Lighting. In: Energy Policy 49/2010.

(5) Gillingham, Kenneth et al.: Energy Policy: The Rebound Effect is Overplayed. In: Nature 493/2013, S. 475–476.

(6) International Resource Panel/UNEP (2014): Decoupling II: Technologies, Opportunities and Policy Options. Nairobi. Leitautoren: Ernst Ulrich von Weizsäcker, Jacqueline Aloisi de Larderel et al.

Zum Autor

Ernst Ulrich von Weizsäcker, geb. 1939, war u.a. Professor für Biologie, Universitätspräsident und Gründungspräsident des Wuppertal Instituts. Er ist u.a. Mitglied im Club of Rome und in der Weltkommission für soziale Fragen der Globalisierung.

Kontakt

Prof. Dr. Ernst Ulrich von Weizsäcker
Postfach 1547
D-79305 Emmendingen
E-Mail ernst@weizsaecker.de

Impressum

politische ökologie, Band 141
Afrika.
Kaleidoskop der Möglichkeiten
Juni 2015
ISSN 0933-5722, ISBN 978-3-86581-719-8
Verlag: oekom Gesellschaft für ökologische Kommunikation mbH
Waltherstraße 29, D-80337 München
Fon ++49/(0)89/54 41 84-0, Fax -49
E-Mail obermayr@oekom.de
Herausgeber: oekom e. V. – Verein für ökologische Kommunikation, www.oekom-verein.de
Chefredaktion: Jacob Radloff (verantwortlich)
Stellvertr. Chefredaktion: Anke Oxenfarth (ao)
Redaktion: Helena Obermayr (CvD, hob)
Redaktionelle Mitarbeit: Katharina Schober (ks), Dorothee Wimmer (dw)
Schlusskorrektur: Claudia Mantel-Rehbach
Gestaltung: Lone Birger Nielsen, E-Mail nielsen.blueout@gmail.com
Anzeigenleitung/Marketing:
Tabea Köster, oekom GmbH (verantwortlich)
Fon ++49/(0)89/54 41 84 35
E-Mail anzeigen@oekom.de
Bestellung, Aboverwaltung und Vertrieb:
InTime Media Services GmbH
Zeitschriften oekom, Postfach 1363, D-82034 Deisenhofen
Fon ++49/(0)89/858 53 -570, Fax -62570
E-Mail oekom@intime-media-services.de
Vertrieb Bahnhofsbuchhandel: VU Verlagsunion KG, Messberg 1, D-20086 Wiesbaden
Druck: Kessler Druck + Medien, Michael-Schäffer-Str. 1, D-86399 Bobingen
Gedruckt auf 100%igem Recycling-Papier.
Bezugsbedingungen: Die *politische ökologie* erscheint vier Mal im Jahr. Ein Abonnement kostet für Institutionen und Organisationen 112,35 €, für Privatpersonen 64,70 € und für Studierende ermäßigt (gegen Nachweis) 53,50 €. Alle Preise zzgl. Versandkosten. Das Abonnement verlängert sich automatisch, wenn es nicht 6 Wochen vor Ablauf schriftlich gekündigt wird. Einzelheftpreis: 17,95 €. Außerhalb Deutschlands zzgl. Versandkosten.
Konto: Postbank München, IBAN DE59 7001 0080 0358 7448 03; BIC PBNKDEFF. Nachdruckgenehmigung wird nach Rücksprache mit dem Verlag in der Regel gern erteilt. Voraussetzung hierfür ist die exakte Quellenangabe und die Zusendung von zwei Belegexemplaren. Artikel, die mit dem Namen des Verfassers/der Verfasserin gekennzeichnet sind, stellen nicht unbedingt die Meinung der Redaktion dar. Für unverlangt eingesandte Manuskripte sind wir dankbar, übernehmen jedoch keine Gewähr.
Bildnachweise: Titel sowie S. 12-17, 57, 145 Fotolia; S. 13 Wikimedia; S. 49 Archiv/Weltfriedensdienst, S. 56 S. Pfrüner, S. 91 Mobisol GmbH (Mobisol-Techniker in Tansania bei der Installation eines Mobisol-Systems)

Die Deutsche Nationalbibliothek – CIP-Einheitsaufname. Ein Titeleinsatz für diese Publikation ist bei der Deutschen Nationalbibliothek erhältlich.

Vorschau
StadtLust

politische ökologie (Band 142) - September 2015

Lange wurden Städte als urbane Wüsten gemieden. Heute ist das Leben in der Stadt wieder angesagt. Ökologische Wohnprojekte, die Wohnen und Arbeiten neu definieren, sprießen aus dem Boden, Familien ziehen vom Land zurück in die Städte, engagierte Städter(innen) setzen sich mit phantasievollen Initiativen für das soziale Miteinander in ihren Wohnvierteln ein. Auffällig ist dabei das Bedürfnis nach einem Stadtleben, das möglichst im Einklang mit der Natur steht: Fair Trade und Urban Gardening sind hip, Schrebergärten erleben ein Comeback, Architektinnen und Planer erfinden das System Stadt unter regenerativen Vorzeichen neu.

Die Autor(inn)en der *politischen ökologie* spüren der neuen Lust auf Stadt nach und ergründen, was Städte heute und morgen lebenswert macht. Dabei wird deutlich, dass urbane Lebensqualität viel mit gerechtem Zugang zu gesunden Wohnungen, leiser und umweltschonender Mobilität, lebendigen sozialen Communitys und einem Downsizing des Lebensstils zu tun hat.

Die *politische ökologie* (Band 142) erscheint im September 2015 und kostet 17,95 €
ISBN 978-3-86581-755-6

BUDDHISMUS aktuell
informativ | kritisch | meditativ
www.buddhismus-aktuell.de
BUDDHISMUS aktuell
MEDITATION
BUDDHISMUS aktuell
Gemeinschaft
BUDDHISMUS aktuell
ABSCHIED
Zeitschrift der Deutschen Buddhistischen Union
JETZT ABONNIEREN: Zum günstigen Preis von nur 32,00 € (4 Ausgaben pro Jahr). Unsere Abonnement-Variationen können Sie bestellen bei:
Janando – Angela Zetzl Dienstleistungen
Karl-Schrader-Straße 1 · 10781 Berlin
Tel. 030 - 873 17 17
E-Mail: buddhismus-aktuell@janando.de
deutsche buddhistische union